LIVRO PRÁTICO DE
FEITIÇOS

Livro prático de feitiços (2023)

© 2023 by Book One
Todos os direitos de tradução reservados e protegidos pela Lei 9.610 de 19/02/1998. Nenhuma parte desta publicação, sem autorização prévia por escrito da editora, poderá ser reproduzida ou transmitida sejam quais forem os meios empregados: eletrônicos, mecânicos, fotográficos, gravação ou quaisquer outros.

Preparação	*Silvia Yumi FK*
Revisão	*Isabella C. S. Santucci*
	Juliana Roeder
Arte	*Francine C. Silva*
Ilustração e capa	*Marcela Lois*
Projeto gráfico e diagramação	*Renato Klisman • @rkeditorial*

Dados Internacionais de Catalogação na Publicação (CIP)
Angélica Ilacqua CRB-8/7057

B198L

Barbosa Júnior, Ademir

Livro prático de feitiços : firmezas, mirongas, banhos de defesa, oferendas e receitas da sagrada cozinha da Umbanda / Ademir Barbosa Júnior. -- São Paulo : Book One, 2023.

128 p.

ISBN 978-65-88513-07-1

1. Umbanda 2. Feitiços I. Título

23-5742   CDD 299.67

Índices para catálogo sistemático:
1. Umbanda - Feitiços

SIGA NAS REDES SOCIAIS:

 @EDITORAEXCELSIOR
 @EDITORAEXCELSIOR
 @EDEXCELSIOR
 @EDITORAEXCELSIOR

EDITORAEXCELSIOR.COM.BR

ADEMIR BARBOSA JÚNIOR

Autor de *O livro essencial de Umbanda*

LIVRO PRÁTICO DE FEITIÇOS

FIRMEZAS, MIRONGAS, BANHOS DE DEFESA, OFERENDAS E RECEITAS DA SAGRADA COZINHA DA UMBANDA

BOOK ONE

São Paulo
2023

*Para Maurício Ribeiro da Silva
(meu Orí/entador de Doutorado),
Malena Segura Contrera,
Jorge Miklos, professores que encantam
minhas tardes em Sampa.
E para Márcia, primeira Iabassê
de nosso terreiro.
Abraço, gratidão e Axé!*

AGRADECIMENTOS

A toda a Espiritualidade, em especial à que tem a humildade de trabalhar com este médium. A todos(as) os(as) Guias e amigos(as) encarnados(as) que me ensinaram procedimentos de cura e energização. Por razões diversas, nem todos são nominados aqui. Guias e encarnados(as), é um prazer cada (re)encontro nas espirais da vida, cada momento, cada vivência.

De modo especial, ao Pai Obaluaê, às Correntes Médicas de Cura do Oriente. Ao doutor Satyananda, à doutora Lúcia, ao doutor Bezerra.

Ao meu pai Ademir, à minha mãe Laís e à minha irmã Arianna, pelos diálogos constantes.

À tia Nair e ao tio Amadeu (*in memoriam*), dirigentes do então Terreiro de Umbanda Caboclo Sete Flechas e Pai João, que eu frequentava na infância (a primeira vez que vi o mar foi aos 7 anos, numa festa de Iemanjá).

Ao meu Pai na Umbanda, Joãozinho Galerani (Terreiro da Vó Benedita), e à minha Mãe no Candomblé, Iya Senzaruban (Ile Iya Tundé), bem como a todos os Pais e Mães que já cuidaram amorosamente da coroa deste médium.

Aos(às) filhos(as) e amigos(as) que buscam a T. U. Caboclo Jiboia e Zé Pelintra das Almas (**todas** as nossas atividades são **caritativas**: aceitamos doações diversas).

A todos(as) os(as) que procuram meu trabalho como terapeuta holístico e oracular.

Ao Caboclo Jiboia (em nome de toda a Espiritualidade), pela autorização: "Na minha aldeia/lá na Jurema/ninguém faz nada sem ordem suprema" (de um ponto de Caboclos).

A Seu Zé Pelintra das Almas, que, como canta Léo Vieira, "é doutor dos desvalidos e das ervas é senhor".

O autor

MODA PARA ZÉ PELINTRA

Léo Vieira

Bem no meio da estrada
De repente apareceu
No alto da encruzilhada
Como quem do céu desceu

Um elegante senhor preto
Tão escuro igual carvão
Que do breu da sua pele
Ele faz luz na escuridão

Saravá Seu Zé Pelintra
O homem da fita vermelha
Me guia nos caminhos
Tem espinho na roseira
Muitos já me perguntaram
Por que lhe chamam doutor
É doutor dos desvalidos
E das ervas é senhor

Encarnado nessa terra
Já fez muita confusão
No lugar onde passava
Apaixonava o coração

Quebra todas as demandas
Bom de corte na navalha
Se o filho é de boa-fé
O bom Malandro nunca falha

Saravá Seu Zé Pelintra
O homem da fita vermelha
Me guia nos caminhos
Tem espinho na roseira
Muitos já me perguntaram
Por que lhe chamam doutor
É doutor dos desvalidos
E das ervas é senhor

SUMÁRIO

PARTE I..15

INTRODUÇÃO..17

1 - FIRMEZA PARA LIMPEZA ENERGÉTICA PESSOAL......................21

2 - FIRMEZA PARA LIVRAR-SE DE VÍCIOS
(SEU ZÉ PELINTRA DAS ALMAS)....................................23

3 - GARRAFADA DO SEU ZÉ PELINTRA DAS ALMAS.....................24

4 - FIRMEZA PARA PROSPERIDADE (PAI JOÃO DE ANGOLA)...........26

5 - POMADA DO CABOCLO JIBOIA....................................28

6 - BATATA BAROA (CABOCLO JIBOIA)...............................30

7 - GARRAFADA DO SEU EXU VELUDO.................................31

8 - BANHO BÁSICO..32

9 - FIRMEZA DE ANJO DE GUARDA...................................33

10 - BANHO FEMININO COM ALFAZEMA................................34

11 - BANHO DE ASSENTO...35

12 - FIRMEZA PARA FAVORECER A GRAVIDEZ.........................36

13 - BANHO PARA POTENCIALIZAR ENERGIA PESSOAL
(FEMININO)..37

14 - BANHO PARA POTENCIALIZAR ENERGIA PESSOAL
(MASCULINO)...38

15 - CHÁ PARA ESTÔMAGO/APARELHO DIGESTIVO.......................39

16 - INTESTINO E TIREOIDE.......................................40

17 - INFLAMAÇÕES (SEU SEVERINO DAS CANDEIAS)...................41

18 - LIMPEZA DOS OLHOS (PAI JOÃO DE ANGOLA)....................42

19 - LIMPEZA DE FERIDAS (PAI JOÃO DE ANGOLA)...................43

20 - PROSPERIDADE (OXALÁ/ALMAS).................................44

21 - PARA UM SONO TRANQUILO.....................................46

22 – Banho de rosinha ou rosa branca...............47

23 – Banho de boldo...............48

24 – Limpeza energética de ambiente I...............49

25 – Defumação...............50

26 – Limpeza energética de ambiente II...............51

27 – Plantas (filtro de limpeza)...............52

28 – Banho para favorecer a fertilidade feminina...............53

29 – Adoçamento (não é amarração!)...............54

30 – Abafamento...............56

31 – Para a saúde dos rins...............58

32 – Água (Linha de Cura)...............59

33 – Proteção contra energias negativas em objetos.........60

34 – Proteção para portas e janelas...............61

35 – Trinca de ferro...............62

36 – Oração a Nossa Senhora Aparecida...............63

37 – Oração de São Jorge...............64

38 – Tratamento para questões respiratórias...............65

39 – Equilíbrio das emoções...............66

40 – Equilíbrio na comunicação...............67

41 – Afastar violência de ambientes...............68

42 – Emprego...............69

43 – Para curar bronquite...............70

44 – Firmeza para o Povo da Bahia...............71

45 – Garrafada para cansaço e anemia...............73

46 – Argila (TPM)...............74

47 – Faixa úmida para questões digestivas...............75

48 – Para lidar com a energia dos(as)

ditos(as) inimigos(as)...............76

PARTE II..79

Introdução..81

1 – Exu..97

2 – Ogum..99

3 – Oxóssi..100

4 – Xangô..101

5 – Oxum..102

6 – Iansã..103

7 – Obá..104

8 – Obaluaê..105

9 – Nanã..107

10 – Oxumarê..108

11 – Iemanjá..109

12 – Logun-edé..110

13 – Oxalá..111

14 – Ossaim..113

15 – Euá..114

16 – Caboclos..115

17 – Boiadeiros..116

18 – Baianos..117

19 – Malandros..118

20 – Pretos-Velhos..119

21 – Ibejada..120

22 – Marinheiros..121

23 – Ciganos/Oriente..122

O AUTOR..125

PARTE I

PART 1

INTRODUÇÃO

Aprendi a duvidar de receitas prontas, pois costumam não respeitar a diversidade, as individualidades e as particularidades. Nas religiões de terreiro, aprendemos que as Divindades têm inúmeras particularidades (que chamamos de qualidades ou caminhos), bem como individualidades (em especial, quando se trata da mediunidade de um filho e/ou da regência de uma casa). O mesmo vale para os Guias. Não existem dois Xangôs iguais, dois Caboclos iguais, duas Pombogiras iguais[1]. Mas, então, por que este livro?

1. Porque há encaminhamentos (receitas, se quiserem) universais, com elementos comuns e que independem de individualidades e/ou particularidades, sendo emergenciais ou cotidianos.

2. Porque, durante o auge da pandemia de COVID-19, houve um tempo em que, para a segurança e a saúde de todos, os terreiros permaneceram fisicamente fechados, o que impediu a realização de certas ritualísticas e procedimentos presenciais. Dessa feita, outros procedimentos foram utilizados à distância, bem como a Espiritualidade assegurou que algumas firmezas – com orientação, segurança e assistência espiritual – fossem feitas nas residências, e não no próprio terreiro. No caso da T. U. Caboclo Jiboia

---

1 - Em razão da diversidade, assim como temos Cultos de Nação, também temos Umbandas, Juremas etc.

e Zé Pelintra das Almas (TUCJZPA), a principal tem sido a firmeza para limpeza energética pessoal. "Tem sido" porque, depois de ensinadas, prescritas e aconselhadas, não haveria motivo para não continuar a utilizar essas terapêuticas longe dos terreiros, desde que com orientação, segurança e assistência espiritual[2].

Devidamente autorizados[3], portanto, organizamos este livro. Infelizmente, o conceito de "feitiço" tem sido utilizado como instrumento de racismo religioso, (a despeito da religião Wicca e do sucesso de Harry Potter).

A magia nada mais é que a manipulação dos elementos naturais, geralmente com o sopro do que se conhece como sobrenatural (a meu ver, o natural ainda não compreendido). Assim como no caso da ciência, com que intenção e para o benefício de quem, ferindo-se ou não o livre-arbítrio? Este livro prima pelo respeito ao livre-arbítrio e, ao mesmo tempo, ao bem individual e coletivo.

Com respeito à sabedoria ancestral e à diversidade, a ideia é auxiliar sobretudo nos casos emergenciais básicos, na impossibilidade de se estar num terreiro ou conversar com um sacerdote, uma sacerdotisa e/ou um(a) médium experiente.

Quando lidar com ervas frescas, lave-as antes. De preferência, cubra a cabeça com pano branco ou claro ao realizar as mirongas. Lembre-se de que a circulação de

---

2 - Pela mesma razão, no tempo e nas ocasiões em que a TUCJZPA desenvolveu o Projeto Terreiro Itinerante, com giras espaçadas em municípios e datas diferentes, bem como em diversos momentos em que pessoas foram cuidadas à distância ou estavam em localidades nas quais não era possível ir a um terreiro.

3 - "Na minha aldeia/lá na Jurema/Ninguém faz nada/Sem ordem suprema" (de um lindo ponto cantado de Caboclos).

Axé, a troca energética, não significa "toma lá, dá cá": a Espiritualidade não é um poço de desejos a atender crianças mimadas. Prefira roupas brancas ou claras e abstenha-se de relação sexual nos tratamentos (em alguns casos, é regra. Procuramos não detalhar preceitos no livro, contudo, convém lembrar que não se trata de algo invasivo, mas, antes, de a pessoa estar mais consigo mesma). Se possível, acenda sempre uma vela como pedido de proteção e orientação para o que se vai fazer.

Eu aprendi a sentir quando a água encrespa com o vento porque o tempo vai mudar. Assim também chegam os arrepios no corpo, o eriçamento dos pelos dos braços. Cada vibração é um arrepio diferente, nada é igual. As vibrações de luz e as vibrações pesadas trazem sensações diferentes. Vou sentindo e o próprio corpo traduz.

Em tempo:

As religiões de terreiro não fazem proselitismo.

Diariamente vivenciamos situações de reequilíbrio para uma existência o mais plena possível, para encarnados e desencarnados, baseadas em conhecimentos ancestrais. É o que muitos chamam de milagres e curas.

Não damos testemunhos disso por entender que é algo natural, para não expor terceiros e, claro, porque as religiões de terreiro não fazem proselitismo.

Axé!

1
FIRMEZA PARA LIMPEZA ENERGÉTICA PESSOAL

- 1 vela;
- Água;
- Sal grosso;
- 7 folhas de arruda, se houver;
- Alfazema líquida.

Firme o Anjo de Guarda (vela ao lado de copo d'água) e ore. Quando a vela terminar, jogue fora a água do copo (em água corrente, canteiro, pia etc.).

Ferva água, misture sal grosso e, se tiver, folhinhas de arruda (podem, por exemplo, ser sete). Acrescente água em temperatura ambiente para a mistura ficar morninha, suave. Coloque o preparado numa vasilha e faça escalda-pés durante vinte minutos. Jogue tudo fora.

Em água em temperatura ambiente, acrescente alfazema líquida (encontra-se facilmente em farmácias). Imergir os pés por vinte minutos. Quando terminar, enxugue os pés e não pegue friagem por meia hora. O ideal é fazer e ir para a cama, mas, se não der, pode ser em outro horário.

Pode fazer por sete dias seguidos ou uma ou duas vezes por semana, conforme a necessidade.

Esta firmeza pode ser feita em casos de cansaço, doenças diversas, mal-estar, insônia etc. Em situações de muito desequilíbrio, cansaço ou falta de energia, sugerem-se sete dias seguidos. Nos demais casos, é possível fazer em um dia, pular outro, fazer mais um, pular outro e, enfim, fazer por mais um dia. No geral, pode-se ter a prática terapêutica como hábito semanal.

Em caso de febre ou feridas na área coberta pela água, evitar o passo 2. Fazer apenas 1 e 3.

Em feridas na área coberta pela água, B) e C) podem ser substituídos por chá de camomila ou boldo com água em temperatura ambiente (preparar o chá e, depois, acrescentar água até esfriar).

"Jogar tudo" pode ser num jardim (canteiro ou vaso) ou mesmo no lixo comum. A parte líquida, se não no jardim, num canteiro ou vaso, pode ser descartada diretamente na pia, por exemplo.

A firmeza me foi passada pelo Seu Zé Pelintra das Almas e é recomendada por diversos Guias, sobretudo por ele e pelo Caboclo Jiboia.

2
FIRMEZA PARA LIVRAR-SE DE VÍCIOS
(SEU ZÉ PELINTRA DAS ALMAS)[4]

Esta firmeza auxilia a pessoa a se livrar de vícios, mas não pode ser encarada como uma atitude isolada, e sim, como ponto de partida ou tratamento complementar.

- 1 vela branca de sete dias ou, caso não seja possível, 7 velas brancas comuns;
- 1 copo de marafo (bebida alcoólica de qualquer natureza).

Ponha o marafo no copo e firme a vela. No copo, coloque um elemento relacionado ao vício ou algo a respeito escrito num papel. Exemplo: pode-se colocar um cigarro, ou uma imagem de cigarro, ou, ainda, escrever a palavra "cigarro" num pedaço de papel. Na impossibilidade de se colocar algum elemento, mergulhe, **mentalmente**, alguma imagem no marafo.

Faça a prece pedindo auxílio para se livrar do vício. Reze com fé durante outros seis dias (se usar velas simples, acenda uma a cada dia). Ao final do sétimo dia, jogue os restos de vela no lixo e o marafo em água corrente. Se no marafo for colocado algum elemento poluidor de águas, ele deve, também, ser jogado no lixo.

---

4 - Publicado originalmente em https://adrianachiarimagazine.net/blog/2019/6/12/simpatia-para-se-livrar-de-vcios. O título "Simpatia para se livrar de vícios" foi atribuído pela editora da página.

3
GARRAFADA DO
SEU ZÉ PELINTRA DAS ALMAS

- 1 garrafa vazia (de preferência, de vinho, mas pode ser pet);
- Vinho tinto (1 litro ou mais: calcular para caber na garrafa acima);
- Um pouco de aguardente;
- Um pouco de mel;
- Um pouco de açúcar;
- 6 folhas frescas de mangueira (de preferência, espada, mas pode ser outra);
- 1 folha fresca de pitanga.

Firme uma vela para o ritual de preparo. De preferência, cubra a cabeça (com pano, filá etc.). Melhor ainda se tiver tomado um banho de ervas.[5]

Lave bem as folhas e seque-as. Coloque-as na garrafa vazia. Então acrescente os demais elementos enquanto reza, medita, canta/ouve pontos do Seu Zé etc. Chacoalhe o conteúdo.

A garrafa deve ser enterrada em chão de barro ou guardada num armário escuro por sete dias, de preferência deitada, de modo que as folhas sejam cobertas pelo vinho.

---

5 - Tais procedimentos, como apontado em outros trabalhos, devem ser utilizados sempre que possível, mais ainda quando se tratar de firmezas específicas, preparo de comidas etc. Em algumas circunstâncias cotidianas, contudo, e por diversas razões, nem sempre é possível, optando-se por uma ritualística mais breve.

Caso não seja possível, cubra-a totalmente com um pano de prato ou outro tecido preferencialmente separado para este fim. A bebida deve ser consumida aos pouquinhos. Para completá-la, antes que o preparado anterior acabe, acrescente todos os elementos acima e, se possível, deixe-a descansar por mais sete dias, conforme explicado anteriormente. Se, por algum motivo, não puder acrescentar todos os elementos, complete apenas com vinho.

Deve ser preparada, preferencialmente, na lua crescente, com destaque para o primeiro dia. Se não puder, não há problemas. O mesmo vale para o tempo de descanso. Há casos emergenciais e situações específicas em que a garrafada é preparada e, depois de cruzada por Seu Zé em terra ou terminada a vela, por exemplo, é dada logo ao consumo.

Na TUCJZPA, em situações cotidianas, finalizado o processo dos sete dias, na primeira vez em que Seu Zé está em terra, ele cruza a garrafada, experimenta e passa a servir, nas giras, um pouquinho para cada pessoa. Uma parte dela também é servida em seus assentamentos. Já houve casos em que a garrafada foi preparada pelo próprio Seu Zé em terra, e não por mim: a quantidade de aguardente costuma ser um tiquinho maior e a de açúcar, um tiquinho menor.

4
Firmeza para prosperidade
(Pai João de Angola)

- 1 vela palito;
- 1 copo com água;
- 3 moedas de maior valor (ou outra, se não houver).

Firme a vela e coloque as três moedas no copo com água. Reze e mentalize pela fartura de alimentos em casa. Pode também pensar em emprego, renda, necessidades básicas, mas o fundamental é para sempre ter alimento em casa.

Quando a vela terminar de derreter, seque bem as três moedas e guarde-as enterradas no arroz cru (no pote, pacote ou saca). O fundamento, em virtude da irradiação e da forma de trabalho do Pai João de Angola que tem a humildade de assistir este médium, cujos detalhes não registro aqui, é o arroz. Contudo, na impossibilidade de utilizá-lo, pode ser escolhido outro grão.

A não ser que realmente não possa, sempre compartilhe alimentos e não deixe nada estragar. Se alguém lhe pede, dê ao menos uma fruta, além de um copo d'água; um pãozinho com manteiga ou margarina, bem como um copo de café. Carregue consigo moedas e notas para auxílios emergenciais e imediatos, bem como para o pagamento por pequenos serviços informais. Tais ações não vão resolver questões estruturais, contudo às vezes funcionam como um abraço silencioso no desespero, ou como um jato d'água refrescante em dia de calor.

"Em vez de dar o peixe, ensinar a pescar!", geralmente diz quem não faz nem uma coisa, nem outra. Onde está a dificuldade de entender que existem situações emergenciais (peixe, fome) e outras estruturais (pescar), e que ambas precisam ser cuidadas? Que miséria moral é essa a de oferecer discurso ou argumento quando alguém pede um peixe para matar a fome? Aliás, em vez de "dar o peixe **OU** ensinar a pescar", que tal vivenciar o "compartilhar o peixe **E** pescar junto"?

5
POMADA DO CABOCLO JIBOIA

- 1 vela palito verde ou branca;
- ½ abacate;
- Um pouco de alfazema líquida;
- Um pouco de açúcar cristal.

Amasse ½ abacate com o garfo e adicione um pouco de açúcar cristal e de alfazema. Cubra a mistura para evitar moscas. Firme a vela e peça a proteção (aos Caboclos, Caboclo Jiboia, Linha de Cura, como sentir) e o cruzamento da pomada.

Em casos emergenciais, faça uma prece e não espere a vela terminar para fazer uso da pomada.

Deve ser feita uma pequena quantidade, pois estraga fácil. Pode ser guardada na geladeira, num potinho.

No caso de haver feridas abertas, usar o mínimo de alfazema líquida ou, para que o álcool não irrite a pele, simplesmente não usá-la. O mesmo vale para regiões mais sensíveis do corpo (olhos, nariz, lábios, abertura dos ouvidos, espinhas e feridas na área genital etc.). A alfazema líquida comprada pode ser substituída, em várias receitas, aliás, pelo chá de alfazema, devidamente em temperatura ambiente. Contudo, é bem mais trabalhoso de preparar.

O açúcar cristal pode ser substituído pelo refinado quando não houver o primeiro.

A receita simples comporta apenas o abacate.

A pomada é cicatrizante, boa para dores, inchaços etc. É indicada, inclusive, para inflamações gengivais (e mais bem aproveitada quando se usa uma gaze).

Em caso de uso de gaze ou faixa, não apertar a área. Pode-se, ainda, cobrir a região com um paninho, a própria faixa ou gaze, uma fraldinha ou outro tecido.

6
BATATA BAROA
(CABOCLO JIBOIA)

- 1 vela verde ou branca;
- Fatias finas de batata baroa.

Esta receita foi ensinada pelo Caboclo Jiboia. Sua utilização e eficácia são semelhantes às da pomada de abacate. Entretanto, há situações em que seu uso se torna complicado, como no caso dos joelhos, por exemplo, pois a fatia pode escorregar ou, ainda que levemente atada, quebrar-se.

Prática e fácil de preparar e utilizar, pode, ainda, ser substituída por outras raízes, como a mandioca e o cará.

7
Garrafada do Seu Exu Veludo

- Vinho tinto;
- Um pouco de aguardente;
- Um pouco de açúcar;
- Lascas de gengibre;
- Folhas de hortelã frescas.

Firme uma vela. Adicione os ingredientes acima e mexa (chacoalhe). Como nas demais garrafadas, se possível, reservar em lugar escuro ou enterrar por sete dias, de preferência na lua crescente. É fortificante e estimulante masculino. Consuma de preferência às segundas-feiras, em jejum, ou sempre que precisar.

Se o conteúdo não completar a garrafa toda escolhida para tal receita, mantenha-a preferencialmente deitada quando reservar, enterrar ou guardar.

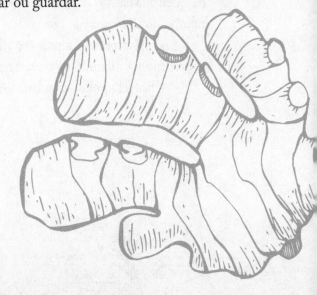

8
BANHO BÁSICO

- 1 vela branca ou verde (Linha da Macaia e Pretos-Velhos) ou bicolor branca e preta (Pretos-Velhos);
- Água em temperatura ambiente;
- Um pouco de arruda, guiné e hortelã (ou manjericão) frescas.

Chamo de banho básico por ser o mais utilizado no meu cotidiano, porém existem outros tantos.

Firme uma vela (branca ou verde) para a Linha da Macaia (Mata) ou Pretos-Velhos (pode-se, então, usar vela bicolor branca e preta).

Junte, num recipiente com água em temperatura ambiente, um punhado de arruda, de guiné e de hortelã frescas. Macere e deixe descansar ao menos pelo tempo de queima vela, ou durante o meio período da noite para a manhã do dia seguinte etc.

As ervas podem, ainda, ser utilizadas individualmente, sobretudo na dificuldade de se encontrar o conjunto.

A hortelã pode ser substituída pelo manjericão.

9
Firmeza de Anjo de Guarda

- 1 copo com água ou quartinha de Anjo de Guarda;
- 1 vela palito ou de sete dias.

O Anjo de Guarda ou Orí, em linhas gerais, é a Divindade Interior e Pessoal de cada indivíduo. Caso a pessoa, ligada ou não a um terreiro, tenha uma quartinha de Anjo de Guarda, esta substitui o copo com água. A cada dia, troque a água do copo, mesmo se usar velas de sete dias. No caso da quartinha, a pessoa que a tem sabe como cuidar, conforme os fundamentos de origem de quem a cruzou e preparou.

A vela pode ser palito ou de sete dias. Caso seja palito, deve ser substituída diariamente.

10
BANHO FEMININO COM ALFAZEMA

- 1 vela branca ou vermelha (ou bicolor branca e vermelha);
- Alfazema líquida;
- Água em temperatura ambiente;

Este banho é para ativar o chacra sexual, a área genital, a sexualidade e a libido. Vale lembrar que a energia sexual não se restringe à genitália ou à relação sexual.

Em primeiro lugar, firme uma vela branca ou vermelha (ou bicolor branca e vermelha).

Deixe, ao lado, um recipiente com um pouco de alfazema líquida em água em temperatura ambiente.

Vibre pelo equilíbrio e potencialidade da sexualidade e da libido, pela saúde, pelo prazer e pela alegria.

Para o banho, espere a vela terminar de queimar, ou ao menos quinze minutos.

Após o banho de higiene, pegue o preparado e lave a região íntima com pequenas abluções ou derramando pouco a pouco na região. Se preferir, faça como banho de assento, numa bacia grande, fazendo abluções e repousando, respirando lenta e profundamente entre dez e quinze minutos.

Atenção: não faça durante o período (pré)menstrual e se houver fissuras, feridas ou machucadinhos, pois, nesse caso, a alfazema poderá causar ardências.

11
BANHO DE ASSENTO

❧ Uma bacia grande;
❧ Gelo;
❧ Água em temperatura ambiente ou gelada.

Esteja agasalhado, assim como no caso da faixa úmida.

A terapêutica do banho de assento frio tem vários propósitos, sobretudo cuidar do trato digestivo.

Numa bacia grande, coloque gelo e água em temperatura ambiente ou gelada. Sente, nu da cintura para baixo (contudo, agasalhado(a), como no caso da faixa úmida, repetimos), na bacia, de quinze a vinte minutos.

O banho geralmente é feito no chão, contudo, na impossibilidade de fazê-lo, utilize um banco grande e seguro, como aqueles feitos de troncos de árvores, bem assentados no chão e com a bacia colocada de modo a não se partir ou escorregar e provocar acidentes.

12
FIRMEZA PARA FAVORECER A GRAVIDEZ

- Ibejis (Orixás Gêmeos) e Linha da Ibejada;
- 1 vela de sete dias bicolor rosa e azul;
- Refrigerantes ou sucos;
- Doces variados.

Arrume as oferendas e mentalize os pedidos. Separe, junto às oferendas doces, refrigerantes ou sucos para distribuir para crianças como forma de compartilhar alegria e Axé.

As oferendas podem ser recolhidas depois de meia hora, meio período, vinte e quatro horas ou mais. Se, por alguma razão, não for possível aguardar esses intervalos de tempo, recolha-a depois de quinze minutos. Deixe a vela queimar com segurança.

Lembre-se sempre de, como forma de gratidão, compartilhar alegria e doces com as crianças, não como obrigatoriedade, mas como sentimento genuíno. Também trate bem as crianças, com amor, responsabilidade, limites, mas preparando-as para voos altos, e não lhes cortando as asas. Tal firmeza pode ser feita por mulher ou casal.

13
Banho para potencializar energia pessoal (feminino)

- 1 vela branca ou vermelha;
- Água em temperatura ambiente;
- Pétalas de rosa vermelha.

Firme uma vela branca ou vermelha.

Num recipiente com água em temperatura ambiente, coloque pétalas de rosa vermelha. Enquanto macera as pétalas, mentalize/ore pela potencialização da energia pessoal, de modo a alimentar a própria luz/identidade, sem jamais ofuscar o outro, claro.

Após o banho de higiene, tome este banho do pescoço para baixo. Caso sinta a libido baixa, concentre-se na área genital (lembramos que a energia sexual não se restringe à sexualidade e esta, por sua vez, não se reduz à genitalidade).

14
Banho para potencializar energia pessoal (masculino)

- 1 vela branca, vermelha ou bicolor preta e vermelha;
- Água em temperatura ambiente;
- Pétalas de cravo vermelho.

Firme uma vela branca, vermelha ou bicolor preta e vermelha.

Num recipiente com água em temperatura ambiente, coloque pétalas de cravo vermelho. Enquanto macera as pétalas, mentalize/ore pela potencialização da energia pessoal, de modo a alimentar a própria luz/identidade, sem jamais ofuscar o outro, claro.

Após o banho de higiene, tomar esse banho do pescoço para baixo. Caso sinta a libido baixa, poderá se concentrar na área genital (lembramos que a energia sexual não se restringe à sexualidade e esta, por sua vez, não se reduz à genitalidade).

15
CHÁ PARA ESTÔMAGO/ APARELHO DIGESTIVO

- 1 vela;
- Água fervente;
- Erva-de-bicho seca.

Este chá foi ensinado por um amado Caboclo.

Firme uma vela.

Coloque água no fogo. Quando começar a ferver, jogue um punhado de erva-de-bicho seca e cubra o recipiente. Deixe esfriar. Coe.

Tome uma pequena dose três vezes ao dia, por sete dias, totalizando vinte e uma doses (tratamento completo). Se necessário, adoce **levemente** com açúcar ou mel.

O chá trabalha a diminuição do inchaço e limpeza por meio da urina.

De preferência, tome uma dose pela manhã (se possível, em jejum), no meio do dia e à tardinha/noite. Quando preparar, pode-se fazer a medida de três doses diárias. Tome frio, em temperatura ambiente. Não coloque na geladeira.

16
Intestino e Tireoide

- Folhas secas de sene;
- Água fervente.

Faça um chá de sene (folhas secas). Quando a água estiver em ponto de ebulição, jogue as folhas, tampe o recipiente e deixe esfriar. Pode adoçar levemente, caso não consiga tomar. É possível firmar uma vela e orar antes do preparo.

Por ser um chá bastante forte, pode tomar uma dose ao dia, durante sete dias, descansar uma semana, tomar mais sete, descansar, e repetir por mais sete dias.

Este chá, quando me foi intuído, também foi avisado que o intestino auxiliaria a regular a tireoide. Aceitei como sabedoria ancestral e espiritual a informação, mas considerei se não seria o contrário. Tempos depois encontrei (não lembro como, nem o porquê) um estudo acadêmico que confirmava a informação.

Ele é contraindicado para grávidas, lactantes e lactentes.

17
INFLAMAÇÕES
(Seu Severino das Candeias)

- Azeite de dendê;
- Faixa ou gaze (se possível).

Para regiões inflamadas (não de fratura exposta ou com feridas abertas), trace, com cuidado, sete cruzes com azeite de dendê. Se possível, envolva-a confortavelmente com faixa ou gaze, deixe descansar (no mínimo, meia hora, ou mais tempo, se a pessoa estiver em repouso) e, depois, (sempre com cuidado) lave.

18
LIMPEZA DOS OLHOS
(Pai João de Angola)

- 1 vela;
- Chá de camomila.

Firme uma vela e prepare um chá de camomila.

Deixe o chá esfriar. É possível acrescentar água em temperatura natural ou fria.

Com a água fria, lave os olhos ou embeba o chá em gaze e cubra os olhos.

Esta receita ajuda com problemas de visão, terçol, verrugas nos olhos, entre outros.

A camomila e a visão são associadas a Oxum.

Para os chás, em geral, sugerimos esquentar a água em uma panela, canecão etc. e, no início do ponto de fervura, adicionar a erva, desligar o fogo e cobrir o recipiente.

19
LIMPEZA DE FERIDAS (PAI JOÃO DE ANGOLA)

❧ Chá de camomila gelado.

O chá de camomila gelado, apresentado anteriormente, também serve para lavagem e para cuidados de feridas, inclusive com pus, por meio de imersão (pés, mãos, cotovelos, tornozelos etc.) em bacia.

Também substitui o escalda-pés e/ou a imersão com alfazema (a líquida, comprada, que contém álcool) apresentados no primeiro capítulo, sobretudo quando as feridas assim exigirem e, no caso específico do escalda-pés, quando houver febre.

20
PROSPERIDADE (OXALÁ/ALMAS)

- 1 vela;
- 13 pães com margarina ou manteiga;
- 13 copos de leite (pode ser temperado com café, chocolate e afins).

Para a espiritualidade das religiões de terreiro, a prosperidade é algo que transcende o material e não é individualista. Em outras palavras, abarca, sim, o material, mas não para nele. Além disso, é para todos: de nada adianta alguém ter dez pares de sapato enquanto o(a) irmão(ã) queima os pés no asfalto.

Uma firmeza para fazer circular o Axé em caso de necessidade de mudanças e abertura de caminhos corresponde exatamente a compartilhar o pão com quem mais precisa (ação emergencial).

Esta é uma ação na Linha de Oxalá, mas também das Almas.

Antes de fazê-la, ore, agradeça, firme uma vela.

Prepare treze pães com margarina ou manteiga e treze copos de leite, e distribua em uma, três ou sete sextas-feiras.

Você pode temperar o leite (com café, chocolate etc.) em virtude do paladar alheio. Também pode fazer em outro dia que não uma sexta-feira. Pode, ainda, preparar muito mais que treze unidades. Faça com o coração, para movimentar o Axé, e não como paga ou cobrança. Aliás, se possível, faça antes de conseguir as mudanças e a abertura de caminhos.

Não podendo recorrer a esses elementos, utilize outros.

Em tempo (mais uma vez e sempre), o que vimos acima:

"Em vez de dar o peixe, ensinar a pescar!" geralmente diz quem não faz nem uma coisa, nem outra. Onde está a dificuldade de entender que existem situações emergenciais (peixe, fome) e outras estruturais (pescar), e que ambas precisam ser cuidadas? Que miséria moral é essa a de oferecer discurso ou argumento quando alguém pede um peixe para matar a fome? Aliás, em vez de "dar o peixe **OU** ensinar a pescar", que tal vivenciar o "compartilhar o peixe **E** pescar junto"?

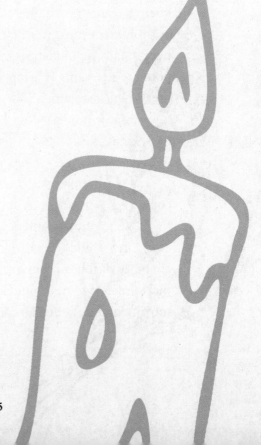

21
PARA UM SONO TRANQUILO

- Um punhado de macela (ou camomila, lavanda, alecrim ou, até mesmo, boldo);
- Fronha de um travesseiro ou pano branco/claro.

Coloque um punhado de macela na fronha do travesseiro (na impossibilidade de usar a fronha, faça uma trouxinha com um pano branco ou clarinho). Pode-se usar, no lugar da macela, camomila, lavanda ou alecrim. Se for difícil encontrar essas ervas, utilize um pouco de boldo.

22
BANHO DE ROSINHA
OU ROSA BRANCA

- 1 vela branca;
- Pétalas de rosinha ou rosa branca;
- Recipiente com água em temperatura ambiente;
- Roupas brancas ou claras.

De efeito calmante, o banho de rosinha ou rosa branca me foi ensinado por um Caboclo.

Firme uma vela branca, com mentalizações ou orações, pontos cantados etc.

As pétalas de rosinha ou rosa branca devem ser colocadas num recipiente com água em temperatura ambiente e maceradas. Deixe-as ali da noite para a manhã do dia seguinte, enquanto durar a vela ou, em casos urgentes, por cerca de quinze minutos.

As ervas podem ser retiradas e deitadas fora. O banho, para adultos ou crianças, deve ser do pescoço para baixo. Em situações emergenciais (ouça a intuição), da cabeça para baixo, mas evite, depois, insolação e sereno (cubra a cabeça para sair a descoberto), comidas pesadas e relações sexuais ao menos até a manhã do dia seguinte (a depender do horário do banho, estabelecemos aqui um período padrão de repouso).

De preferência, use roupa branca ou clara.

Salve Oxalá!

23
BANHO DE BOLDO

- 1 vela branca;
- Folhas de boldo;
- Água em temperatura ambiente.

Como o anterior, de efeito calmante, o banho de boldo me foi ensinado por um Caboclo.

Firme uma vela branca, com mentalizações ou orações, pontos cantados etc.

As folhas de boldo devem ser colocadas num recipiente com água em temperatura ambiente e maceradas. Deixe-as da noite para a manhã seguinte, enquanto durar a vela ou, em casos urgentes, por cerca de quinze minutos.

As folhas podem ser retiradas e deitadas fora. O banho, para adultos ou crianças, deve ser do pescoço para baixo. Em situações emergenciais (ouvir a intuição), da cabeça para baixo, mas se deve evitar, depois, insolação e sereno (cobrir a cabeça para sair a descoberto), comidas pesadas e relações sexuais ao menos até a manhã do dia seguinte (a depender do horário do banho, estabelecemos aqui um período padrão de repouso).

De preferência, usar roupa branca ou clara.

Salve Oxalá!

24
LIMPEZA ENERGÉTICA DE AMBIENTE I

- 1 copo com aguardente;
- Sal grosso, 1 pedaço de carvão e cascas ou pedaços de alho e/ou cebola ou, ainda, limão.

Acrescente os ingredientes ao copo com aguardente. Deixe a mistura atrás de uma porta (pode ser de entrada, da sala ou de outro ambiente).

Troque-a uma vez por semana ou em menos tempo se perceber que está suja, carregada. Além dos olhos físicos, pode usar a intuição.

Na impossibilidade do uso de aguardente (por alergia, cheiro ou outro motivo), pode-se usar água, de preferência "mineral".

25.
DEFUMAÇÃO

❧ 2 tabletes de Defumador Espiritual ou Palo Santo.

Esta é uma defumação caseira. Pela dificuldade de preparar ervas para a defumação básica, pode-se utilizar tabletes de Defumador Espiritual ou mesmo Palo Santo. Atenção, pois há defumadores e incensos que nada mais são do que serragem tóxica.

Há também defumações específicas, com componentes próprios, aos cuidados de sacerdotes, sacerdotisas e/ou médiuns experientes designados para tal. Esta, repetimos, é uma defumação básica.

Para limpar o ambiente, use o primeiro tablete de dentro para fora do imóvel (se possível, do terreno todo). Para energizar, utilize o segundo tablete, de fora para dentro.

Cada cômodo, preferencialmente, pode ser defumado em formato de X, de um canto a outro. Enquanto isso, você pode, em voz alta ou internamente, cantar pontos, rezar (preces conhecidas ou intuídas, improvisadas etc.), visualizar imagens inspiradoras. Pode, também, defumar as pessoas, os animais e pedir que o(a) defumem.

Fique atento aos cantos, portas, janelas. A segunda defumação, sobretudo, pode servir para selar. Caso não consiga alcançar algum canto ou objeto específico (computadores, vãos embaixo de camas etc.), defume e jogue a intenção.

26
LIMPEZA ENERGÉTICA DE AMBIENTE II

- Água;
- Alfazema ou anis.

Num balde com água, coloque um pouco de alfazema ou anis. Molhe um pano com esse preparado e passe no chão e nas paredes.

Esta limpeza pode ser feita depois da defumação do ambiente e/ou de acender uma vela e mentalizar a energia da limpeza/orar.

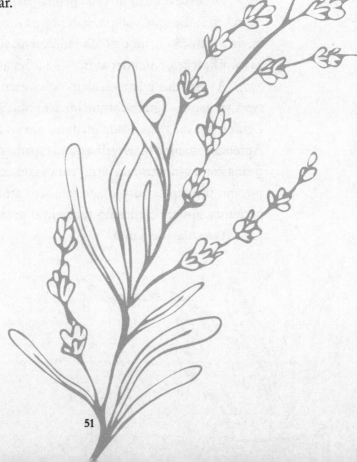

27
PLANTAS (FILTRO DE LIMPEZA)

❧ Espada-de-Ogum, comigo-ninguém-pode, arruda, guiné ou espada-de-Iansã.

As plantas de limpeza mais comuns são espada-de--Ogum (ou a lança-de-Ogum), comigo-ninguém-pode, arruda, guiné e a espada-de-Iansã.

Podem ser deixadas logo à entrada da casa ou em outros ambientes, bem como de forma a não serem vistas por outras pessoas.

Observe o fluxo de cada planta (se está viçosa, fenecendo etc.). Busque compreender os processos, o entorno, ouvir a intuição e, no caso de fenecerem, sem se entregar às mistificações, entender as razões e fazer as substituições.

As espadas e lanças, além de viverem plantadas na terra, vingam na água e costumam dar novas plantas. Arruda e guiné, por sua vez, costumam durar menos tempo na água. Aprendi com uma mais-velha que a espada-de-Ogum deve ficar sozinha (no vaso ou jarra) para se desenvolver (e, pelo mesmo princípio, ouso dizer, também atuar). Creio que podemos aplicar o mesmo raciocínio para suas lanças e para as espadas-de-Iansã.

28
BANHO PARA FAVORECER A FERTILIDADE FEMININA

- 1 vela amarela ou branca (ou, ainda, azul royal ou rosa);
- Água em temperatura ambiente;
- Pétalas de rosa amarela.

Firme uma vela amarela ou branca (pode, ainda, ser azul royal ou rosa).

Num recipiente com água em temperatura ambiente, coloque pétalas de rosa amarela. Enquanto macera as pétalas, mentalize/ore.

Depois do banho de higiene, tome esse banho do ventre para baixo.

Esse procedimento terapêutico se ajusta melhor com outros na Linha de Mamãe Oxum, orientados/encaminhados por sacerdote/sacerdotisa (comidas, dentre outros).

29
ADOÇAMENTO
(NÃO É AMARRAÇÃO!)

Ao contrário do que infelizmente consta em muitas páginas na internet ou é oferecido a preços exorbitantes por aí, adoçamento não é amarração, embora tal firmeza seja utilizada com esse fim escuso, que fere o livre-arbítrio e atrai energias e seres espirituais em vibração de posse e egoísmo, em vez de liberdade, prazer e fruição.

JAMAIS use o adoçamento para ferir o livre-arbítrio de alguém! Na impossibilidade de estar aos cuidados terapêuticos de um terreiro, em estado de muita perturbação num relacionamento, faça esta firmeza em casa com um único propósito: encaminhar a situação. Isso significa vibrar para que ocorra o melhor para ambas as partes. Se for para continuar o relacionamento, que as energias se limpem, que tudo se esclareça e harmonize. Se não for para continuar, que o desenlace ocorra da melhor maneira, a menos traumática, com respeito mútuo, gratidão, na melhor medida possível.

- 2 velas palitos branca (ou azul e rosa, representando polaridade e complementaridade, não necessariamente sexo biológico ou gênero, e, sobretudo, a Linha da Ibejada/das Crianças);
- 1 pires ou prato (de preferência branco);
- Mel;
- Açúcar (de preferência refinado).

Firme as duas velas no centro do pires ou prato e trace um círculo com açúcar e mel.

Acenda as velas, mentalizando que aconteça o melhor para o seu relacionamento, conforme explicado anteriormente: que ele se fortaleça ou se dissolva o mais amorosamente possível, segundo a vontade de cada um dos envolvidos.

NÃO faça esta firmeza para o relacionamento de outras pessoas.

Algumas situações de demandas (energizações negativas) contra pessoas/casais pedem formas específicas de encaminhamento feitas na segurança energética de terreiros. Contudo, o uso emergencial do adoçamento em casa (na impossibilidade de obter apoio e orientação adequados), com intenção direcionada, amor e respeito, certamente também auxilia a dissolver essas energizações negativas.

30
ABAFAMENTO

❧ 1 vela;

❧ Água filtrada ou "mineral".

O abafamento é utilizado na terapêutica dos terreiros para acalmar o Orí (a cabeça). É usado com muito critério, geralmente por sugestão da própria Espiritualidade, outras vezes por incentivo dos Pais ou Mães, sob orientação da Espiritualidade, ou, ainda, por indicação oracular. É um processo que respeita o livre-arbítrio, uma vez que a pessoa tratada pode optar por bloquear os cuidados balsâmicos e permanecer em confusão (pensamentos, sentimentos, indecisões, agressividade acentuada etc.).

O abafamento doméstico é emergencial e pressupõe, dentre outros fatores, a impossibilidade de se buscar auxílio/socorro num terreiro. É para situações graves de descontrole, pensamentos suicidas etc., a fim de, repetimos, emergencialmente acalmar o Orí e clarear as ideias. ATENÇÃO: não fazer para outra pessoa. Mesmo que se respeite o livre-arbítrio, o abafamento só deve ser prescrito a alguém nos casos acima citados, na terapêutica dos terreiros. A exceção aqui é para uso emergencial e próprio. Para outras pessoas você pode orar, vibrar, enviar Reiki etc., mas, por favor, NÃO use o abafamento e "cuide" do Orí alheio se não for pessoa preparada para tal.

Pegue um copo, de preferência pequeno, e firme uma vela (aqueça a base da vela para grudar no fundo do copo).

Lentamente, encha o copo com água (de preferência, filtrada ou "mineral"). Acenda a vela, pedindo que o Orí se acalme. A vela deve queimar até atingir o nível da água.

Como, por vezes, a vela pode queimar a borda do copo ou mesmo fazê-lo estourar (em casos específicos), sugere-se apoiá-lo sobre um pires ou pratinho. Tudo pode ser feito acima da cabeça, sobre uma mesa, ou mesmo no chão, com firmeza de propósito e segurança, em todos os sentidos.

Caso, após encher o copo com água, não consiga manter a vela em pé, não há qualquer problema. Se realmente não puder montar o abafamento (devido a tremores nas mãos, por exemplo), coloque a vela ao lado do copo com água e mantenha a intenção firme.

Finalizado o processo, jogue a água (na pia, no jardim etc.) e o resto de vela no lixo.

31
PARA A SAÚDE DOS RINS

- 1 vela;
- 1 lata de cerveja sem álcool (0,0%) sem gelo.

À noite, firme uma vela e coloque ao lado uma lata de cerveja sem álcool (0,0%), sem gelar. Faça suas preces. De manhã, em jejum, beba o conteúdo.

Tal firmeza pode, conforme o caso, ser feita por sete ou três dias seguidos, com intervalos (um dia sim; outro não; um dia sim; outro não; um dia sim), ou quando houver desconforto.

32
ÁGUA (LINHA DE CURA)

- 1 vela branca;
- 1 copo com água.

Reze para a Linha de Cura, Linha Médica, Doutor Bezerra de Menezes ou, conforme o coração, para fluidificar a água, transformando-a em remédio e alimento espirituais.

Espere a vela terminar para beber vagarosamente a água. Se for algo emergencial, espere a vela queimar por ao menos dez ou quinze minutos antes de ingerir a água.

Pode-se fazer a fluidificação à noite para tomar no dia seguinte, em jejum.

O copo com água pode ser coberto com guardanapo de papel ou pano a fim de evitar a queda de bichinhos.

Também é possível colocar uma garrafa d'água para energização. Consuma aos poucos, mas não guarde por tantos dias, uma vez que, dentre outros motivos (embora não o principal), o processo pode ser refeito com facilidade.

33
PROTEÇÃO CONTRA ENERGIAS NEGATIVAS EM OBJETOS

- Alfazema líquida (ou água);
- 1 vela.

Muitas vezes recebemos objetos como presentes e percebemos uma energia pesada ou mesmo intenções deletérias de quem nos oferece. Imediatamente pensamos em nos desfazer deles. Mas e se estiverem carregados de negatividade e alguém os pegar para si? Muitas pessoas (por necessidade extrema e outros fatores, como mania) buscam objetos em lixos, e não apenas nos descartes separados para a coleta seletiva e reciclagem.

Uma maneira prática de lidar com a questão é fazer três cruzes com alfazema líquida no objeto antes de descartá-lo, pedindo que toda negatividade seja anulada.

Essa alfazema pode ser cruzada, com uma vela acesa e uma prece, ou deixada no altarzinho com esse objetivo. Caso não seja possível fazê-lo, pois a questão é imediata, reze a alfazema antes de aplicá-la no objeto. A alfazema, ainda, pode ser cruzada por um Guia, num terreiro.

Na ausência de alfazema, utilize água.

O mesmo processo pode também ser usado para objetos que desejamos ter conosco, recebidos como presentes, comprados em sebos ou brechós etc.

34
Proteção para Portas e Janelas

- 1 vela branca;
- Azeite de oliva (se possível, extravirgem).

Firme uma vela branca e, ao lado, coloque um recipiente (xícara, pires etc.) com um pouco de azeite de oliva (se possível, extravirgem). Peça para que o azeite seja abençoado (potencializado).

Após o término da queima da vela (ou, se necessário, após quinze minutos), pegue o azeite e unte batentes de portas e janelas, de preferência, de dentro para fora. Pode-se untar apenas a parte superior de cada porta ou janela, ou bem acima, abaixo, dos lados, ou ao centro delas. Se houver portão externo ou porteira, pode-se começar dali. Enquanto estiver untando tais espaços, faça preces, mentalizações, pontos cantados, salmos, ou apenas fique em silêncio meditativo, como preferir.

Essa energização pode ser feita após o ritual de defumação.

35
TRINCA DE FERRO

༽ 1 vela branca.

Aprendi esta firmeza com meu Pai Joãozinho Galerani (Terreiro da Vó Benedita - Campinas - SP), que, por sua vez, a aprendeu com alguns irmãos mais velhos nas redes sociais.

Ela é dedicada ao mês de junho, nas vibrações do sincretismo religioso.

Use uma vela branca que pode ser acesa em casa antes das dez horas da noite.

No dia de Santo Antônio (13/6), acenda a vela, faça o pedido e a prece e, em seguida, apague a vela.

No dia de São João (24/6), acenda a mesma vela, faça o mesmo pedido e prece e apague em seguida.

No dia de São Pedro (29/6), acenda a mesma vela, faça o mesmo pedido e prece, e deixe a vela queimar até o final.

O nome "trinca" corresponde ao tríduo (três dias). O "de ferro", acredito, se deve à força da fé e do ritual.

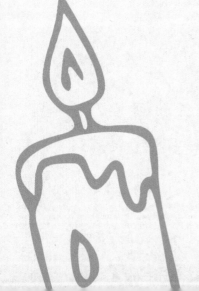

36
ORAÇÃO A NOSSA SENHORA APARECIDA

Sei que, numa prece, o sentimento é superior às palavras, mas, também, que as palavras têm poder. Esta oração à Mamãe Oxum/Nossa Senhora Aparecida/Kwan Yin (deusa chinesa da compaixão), como você a conceber, é de uma energia fantástica. Faça-a por três dias seguidos. Em casos urgentes, entoe-a de três em três horas. Agradeça sempre. E, claro, vibre no Bem e na Luz e respeite o livre-arbítrio. Ao orar, você abre o coração e expõe a questão.

Se puder, a compartilhe e/ou imprima e distribua.

> Querida Mãe Nossa Senhora Aparecida, Vós que nos amais e nos guiais todos os dias. Vós que sois a mais bela das Mães a quem eu amo de todo meu coração, eu vos peço mais uma vez que me ajudeis a alcançar uma graça por mais dura que ela seja. Sei que me ajudareis e sei que me acompanhareis sempre, até a hora da minha morte. Amém.

37
ORAÇÃO DE SÃO JORGE

Na Linha de Ogum, de proteção contra toda negatividade (em especial, a que geramos contra nós mesmos), no sincretismo, faça essa linda Oração de São Jorge:

Jorge sentou praça na cavalaria.
E eu estou feliz porque também sou da sua companhia.
Eu estou vestido com as roupas e as armas de Jorge.
Para que meus inimigos tenham pés e não me alcancem.
Para que meus inimigos tenham mãos e não me toquem.
Para que meus inimigos tenham olhos e não me vejam.
E nem mesmo pensamento eles possam ter para me fazerem mal. Armas de fogo meu corpo não alcançarão.
Facas e espadas se quebrem sem o meu corpo tocar.
Cordas e correntes arrebentem sem o meu corpo amarrar.
Pois eu estou vestido com as roupas e as armas de Jorge.
Jorge é de Capadócia.
Salve Jorge! Salve Jorge! Salve Jorge!

Ogum iê Patacori Ogum Jesse Jesse Ogum iê!

38
TRATAMENTO PARA QUESTÕES RESPIRATÓRIAS

- Água fervente;
- Uma bacia grande;
- Folhas frescas de eucalipto;
- Uma toalha grande ou lençol.

A terapêutica popular ensina a ferver água e colocá-la num recipiente como uma bacia grande, por exemplo, e ajuntar folhas frescas de eucalipto. A pessoa com problemas respiratórios deve sentar-se à frente e ter a cabeça e a bacia cobertas por uma toalha grande ou lençol enquanto aspira o vapor benéfico. Deve-se evitar friagem durante e após a sessão. Pode-se usar meias durante o processo, a fim de isolar termicamente as polaridades.

39
EQUILÍBRIO DAS EMOÇÕES

◦ 1 vela de sete dias verde ou 7 velas palito.

Para equilibrar as emoções, acenda uma vela de sete dias verde e reze/medite, conectando-se com seu Eu Superior, com sua Divindade Pessoal (Orí, na tradição afro-brasileira), mentalizando paz e serenidade nas decisões, escolhas e vivências. Você pode manter as mãos no chacra cardíaco, no centro do peito.

Pode, ainda, repetir o gesto a cada um dos sete dias, diante da vela (caso não possa estar presente em algum dos dias, mentalize a distância).

Em vez de uma vela de sete dias, é também possível utilizar uma vela palito por dia.

Tristeza, dor, insegurança, raiva, ódio, inveja, mágoa: tudo pode ser trabalhado nesse processo.

40
EQUILÍBRIO NA COMUNICAÇÃO

❧ 1 vela de sete dias azul-claro ou 7 velas palito.

Para trabalhar a comunicação, acenda uma vela de sete dias azul-claro e reze/medite, conectando-se com seu Eu Superior, com sua Divindade Pessoal (Orí, na tradição afro-brasileira), mentalizando paz e serenidade nas decisões, escolhas e vivências. Você pode manter as mãos na direção da garganta (em concha, unidas em formato de oração etc.) ou no chacra cardíaco, no centro do peito.

Pode, ainda, repetir o gesto a cada um dos sete dias, diante da vela (caso não possa estar presente num dos dias, mentalize a distância).

Em vez de uma vela de sete dias, é também possível utilizar uma vela palito por dia.

Aprender a não engolir sapos, mas também a não os cuspir nos outros, é um aprendizado constante, diário. Tão importante quanto o que dizer, é como dizer. Não se cobre quando não conseguir comunicar o que realmente sente ou pensa, na forma e no conteúdo: trata-se de um aprendizado, um passo de cada vez.

A expressão da criatividade (ligada ao chacra básico) também é trabalhada aqui.

Comunicação é vínculo e não se restringe à fala. Pense nisso.

41
AFASTAR VIOLÊNCIA DE AMBIENTES

Uma forma de neutralizar e afastar a violência de ambientes é, no caso de queda de faca, tesoura ou outro objeto cortante, fazer com a lâmina do objeto caído três cruzes no chão. Durante o processo, peça proteção contra violência e toda sorte de energia deletéria também.

Aprendi isso na infância e, já na fase adulta, aprendi em terreiros a não deixar faca ou tesoura, por exemplo, no chão. Foi-me explicado que não se trata de fundamento de religião de terreiro, mas de aprendizado antigo para se evitarem brigas, discórdia etc., o qual até poderia ser considerado superstição por muitos, mas que, de todo modo, deveria ser evitado. Se considerarmos o que foi brevemente exposto na introdução deste livro, faz todo o sentido. Além disso, por se tratar de aprendizado antigo, carregado de significado e simbolismo, bem como de correlação com energias diversas, diria que o cuidado é um fundamento, enquanto a displicência, um contra-axé.

Na infância também aprendi que não se deve lamber facas, por razões de segurança, e, pelo mesmo motivo, aprendi a sempre entregar às outras pessoas objetos cortantes com cuidado e de modo que elas os segurem pelo cabo, e não pela lâmina. Nos terreiros, fazemos isso também com outros objetos, como o adjá (espécie de sineta ritualística).

42
Emprego

  1 vela.

Esta linda firmeza aprendi com o Pai João que trabalhava com uma irmã já desencarnada.

De joelhos, firme uma vela e reze um Pai-Nosso e uma Ave-Maria para a Linha dos Pretos-Velhos/das Almas.

Não se esqueça de enviar currículos e fazer contatos, nem de agradecer à Espiritualidade.

43
PARA CURAR BRONQUITE

- 1 vela;
- Gordura de galinha.

Firme uma vela e ore.

Numa sexta-feira de lua minguante, pegue gordura de galinha (consegue-se em açougue e abatedouros), unte o peito e as costas da pessoa e amarre-os com uma faixa de gaze (sem apertar), agasalhando-a bem. Se possível, ela deve dormir com essa faixa e evitar friagem.

Faça por três ou, se possível, sete sextas-feiras, por três ou sete meses.

Jogue fora a faixa ou queime-a, conforme a intuição. Se queimar, evite fazê-lo na presença de quem realiza o tratamento, em ambiente fechado etc.

44
FIRMEZA PARA O POVO DA BAHIA

- 1 pires;
- 1 vela amarela (preferencialmente), vermelha ou branca;
- Azeite de dendê;
- Palheiro ou outro fumo;
- 1 copo de batida de coco, cerveja ou outra bebida alcoólica (marafo, licor de cacau, jabuticaba) ou, até, água de coco.

Quando falamos de Povo da Bahia, pensamos, principalmente, em Baianos(as) e Cangaceiros(as), os quais, em muitos terreiros e giras, se apresentam juntos(as). Há, também, entidades que trabalham na Linha da Esquerda (Exus, Pombagiras e outros). Aprendi, inclusive, com Seu Severino das Candeias, que muitas vezes funcionam como batedores, dando guarida para que Exus e Pombagiras, bem como outros Guias de Esquerda, possam avançar em segredo.

É de Seu Severino a firmeza a seguir. Em trabalhos anteriores, tratei de firmezas e oferendas. Contudo, há situações e condições em que isso não é possível, por inúmeras razões. No caso do Povo da Bahia, geralmente as pessoas pedem proteção, caminhos, olhos abertos, acuidade, passo seguro, mas também podem pedir alegria e proteção contra desequilíbrios emocionais diversos (os quais certamente abrem caminhos para quiumbas, isto é, espíritos de baixa vibração, e outros).

Num pires, firme uma vela amarela (preferencialmente), vermelha ou branca. Em volta da vela, faça um círculo de azeite de dendê. Se possível, acrescente um palheiro ou outro fumo, bem como um copo de batida de coco, cerveja ou outra bebida alcoólica (como marafo, licor de cacau, jabuticaba etc.), ou, mesmo, água de coco. Reze, converse e sinta a alegria desse povo.

Se dois baiano é bom
Um é irmão do outro
Enquanto um serra o pau
O outro arranca toco

Meu amigo, eu vim de longe
Eu vim pra lhe ajudar
Eu não vou trazer demanda
Nem demanda eu vou levar

45
Garrafada para cansaço e anemia

- Vinho tinto;
- Um pouco de açúcar;
- Um pouco de aguardente;
- Um pouco de mel (se quiser);
- 1 ou 3 ovos de pata.

Firme uma vela e ore. Mexa bem os ingredientes acima (chacoalhe). Como nas demais, se possível, enterre ou reserve a garrafada em lugar escuro por sete dias. Contudo, diante de uma emergência, ela pode ser consumida após o preparo (no tempo de a vela queimar, por exemplo).

Tome ao menos uma colher de manhã, em jejum. Se necessário, tome outra antes do almoço e outra antes do jantar.

Se o conteúdo não completar toda a garrafa escolhida para tal receita, mantenha-a preferencialmente deitada quando reservá-la, enterrá-la ou guardá-la.

46
ARGILA (TPM)

- Argila;
- Meias.

Para tensão pré-menstrual ou outros desconfortos semelhantes, aplique argila no ventre e descanse entre vinte minutos e meia hora. Não tome sereno ou friagem após o processo e aguarde um pouco (também entre vinte minutos e meia hora) para tomar banho.

Para evitar resfriados, use meias durante o procedimento.

47
FAIXA ÚMIDA PARA QUESTÕES DIGESTIVAS

❧ Toalha de rosto ou fraldinha congelada;

❧ Agasalhos e meias;

❧ Toalha seca.

Para este procedimento, é preciso ter uma toalha de rosto ou fraldinha congelada.

Retire o pano do congelador e molhe-o bem.

Esteja bem-vestido (moletom, por exemplo, ou com calça, camisa e roupão etc.) e com meias.

Coloque a faixa úmida no ventre (baixo ventre e início da área genital) e cubra-a com uma toalha seca. Sobre ela, ajeite a camisa, o moletom (blusa e calça), o roupão etc. Mantenha-a entre quinze e trinta minutos (para maior conforto, você pode optar por vinte minutos). Após o procedimento, não tome friagem.

Atenção: é muito importante manter-se aquecido durante o procedimento.

Dentre outros benefícios, esta firmeza acelera a expulsão de gases.

48
PARA LIDAR COM A ENERGIA DOS(AS) DITOS(AS) INIMIGOS(AS)

Existe magia para derrotar inimigos? Sim. E poderosa. O parente fofoqueiro. O chefe inescrupuloso. A vizinha invejosa. O colega maledicente. Todos que o(a) prejudicam no cotidiano podem ser afastados e/ou derrotados por essa magia poderosa, porém extremamente trabalhosa para a maioria de nós, que precisamos pouco a pouco conhecer seus elementos e a maneira de combiná-los. Antes de utilizar-se dessa magia, é preciso ter certeza de que realmente deseja praticá-la e estar ciente de seus efeitos, uma vez que ela é IRREVERSÍVEL.

Esta magia/técnica é composta de amor, perdão e boas vibrações.

O dito "inimigo" é um "não amigo" e muitas vezes realmente foi pessoa próxima, do convívio íntimo. Frequentemente, até mesmo por segurança física e/ou emocional, a convivência não é mais possível, contudo, o amor e a compaixão podem ser vivenciados também à distância.

O perdão liberta em primeiro lugar quem o dá. É sinal de desapego. Porém, deve ser vivenciado sem cobrança, na medida e no ritmo de cada um.

Faça preces, meditações, emane boas vibrações para que o dito "inimigo" seja feliz. Afinal, gente feliz não incomoda.

atenção: essa magia também funciona para os ditos inimigos internos. Amar a si mesmo, perdoar-se, vibrar, agradecer e pedir o melhor para si, sempre em respeito à sua integridade e ao livre-arbítrio dos outros.

Com essa técnica poderosa, inimigos são derrotados e se tornam parceiros e mestres, ainda que, muitas vezes, daquilo que não serve para nossas vidas.

PARTE II

A COZINHA SAGRADA NA UMBANDA

PARTE II

A POESIA SAGRADA
NA UGANDA

INTRODUÇÃO

A tavola non s'invecchia,[6] diz um provérbio italiano. A comida une as pessoas, estimula a solidariedade, o compartilhamento. Por isso muitas liturgias se valem do alimento, da partilha, da comunhão entre encarnados e desencarnados (Ancestrais), Divindades etc.

A Umbanda é uma religião sensual, vale dizer, e trabalha com todos os sentidos, dentre eles o olfato, o paladar e a visão. Seja em oferendas ou no compartilhamento dos alimentos, cheiros e sabores se combinam com disposições e arrumações que despertam o espírito, mas também o apetite. Come-se primeiro com os olhos.

O objetivo desta parte é oferecer receitas práticas para umbandistas, tanto para oferendas como para compartilhamentos em festas de terreiro ou em outros espaços. As receitas (sobretudo no que concerne aos Orixás) dialogam com pratos dos chamados Cultos de Nação, guardada a diversidade de ritos, raízes, elementos disponíveis etc. Quanto à praticidade das receitas, elas primam pelo fato de nem todos os terreiros terem alguém com conhecimento e disponibilidade para elaborar feijoadas, acarajés ou outros pratos.[7] Mesmo que haja uma Iabassê ou filhos(as) com

---

6 - "À mesa, não se envelhece", na tradução. A alegria e o prazer do alimento e seu compartilhamento é fonte de vida, regozijo, saúde, celebração.

7 - Trata-se, de fato, de receitas. Não nos limitamos às oferendas que concernem apenas a frutas e bebidas, muito comuns nos cotidianos dos terreiros, exceção feita às frutas desidratadas (cristalizadas ou não), as quais, mesmo assim, podem ser preparadas em casa, e não compradas, embora o processo não seja assim tão simples como a natureza das demais receitas do livro.

conhecimento e disponibilidade, nem sempre as receitas mais rebuscadas podem ser elaboradas em todas as ocasiões (em razão de calendário, tempo, emergências etc.). Além disso, os ingredientes e elementos aqui apresentados costumam não ser tão caros quanto outros. A maioria das receitas vêm da minha experiência pessoal, algumas delas vivenciadas na T. U. Caboclo Jiboia e Zé Pelintra das Almas[8], e de trocas de saberes e sabores. Como a Umbanda, assim como as demais religiões de terreiro, abarca uma diversidade de fundamentos e ritos, tudo deve ser confirmado pela Espiritualidade regente da casa, bem como pelos Pais e Mães. Um terreiro ou segmento, um Caboclo ou Exu podem não se valer de algum dos elementos deste livro, por exemplo. O propósito é oferecer uma base, um modelo, um ponto de partida, não uma limitação ou afronta ao modo de trabalho da Espiritualidade e de seus médiuns.

Portanto, o uso de comidas e bebidas (bem como de outros elementos que acessam os cinco sentidos) não se restringe ao uso da contrapartida etérica para o benefício e o equilíbrio de pessoas, ambientes e situações. Cuida-se do corpo, da mente e do espírito (visão holística)[9], portanto, o corpo não é negado, mas reverenciado de inúmeras maneiras

---

8 - Fundada em 23/4/2015, a T.U. teve diversas sedes. A sede atual fica em Piracicaba - SP, e as giras ocorrem em cidades diferentes, conforme o Projeto Terreiro Itinerante.

9 - Em muitos de nossos trabalhos, evocamos a importância e o valor do corpo físico na vivência da espiritualidade das religiões de terreiro.

(com banhos, dança, canto, autocuidado)[10], inclusive por meio da alimentação[11].

As oferendas ou entregas[12] ainda são dispostas com ou sem toalhas, fitas, moedas, búzios e outros. Seu uso ou não, bem como quantidades, disposição, cores etc. variam conforme as orientações da Espiritualidade, o objetivo de cada oferenda (sempre para o bem e em respeito à individualidade, ao livre-arbítrio...), a numerologia de cada casa ou segmento, dentre outros fatores. Em algumas receitas, acrescentamos um ou outro item a título de exemplo, porém tanto a orientação específica (da Espiritualidade, de casa ou segmento) quanto a diversidade devem ser respeitadas, assim como o destino de cada elemento que não seja propriamente alimentar[13].

Existem oferendas dispostas interna e externamente. As internas ocorrem nas dependências de um terreiro ou no congá da casa de um médium, por exemplo. Entenda-se "internas" não como ambientes necessariamente fechados, excluindo-se o ar livre, "assentamentos no Tempo", pés de árvore etc. Trata-se de espaços especificamente limitados.

---

10 - Na década de 1990, a Folha de São Paulo perguntava aos entrevistados de uma coluna: "Sexo ou meditação?". Interessante foi o fato de poucas pessoas responderem "Ambos."

11 - Certa vez, uma amiga me escreveu, dizendo que não via relação entre o corpo e a espiritualidade. A resposta imediata que me veio à mente (soprada?) foi: "Tente fazer posturas de ioga depois de comer uma feijoada...".

12 - O termo "ebó" vem do iorubá *ebo*, significando sacrifício. Infelizmente é usado pelo senso comum com sentido pejorativo, em especial quando se trata de Exu e da Esquerda.

13 - Por vezes a Espiritualidade solicita a confecção de patuás com esses elementos (moedas, búzios, pedras, toalha, fita etc.). Noutras ocasiões, pede, por exemplo, que as moedas sejam distribuídas e os elementos naturais despachados na natureza, de modo a não agredi-la.

Já as oferendas externas concernem aos pontos de força, naturais (praias, matas, cachoeiras etc.) ou construídos pelo homem (cemitérios, dentre outros). Nesse último caso, é preciso ter a coerência e o bom senso de não agredir o meio nem desrespeitar leis de modo a depor contra a Umbanda e as demais religiões de terreiro. Por esse motivo, há duas maneiras principais de se lidar com as oferendas internas:

1. Arria-se a oferenda, que permanece no ponto de força por tempo determinado (a duração de uma gira, por exemplo), recolhendo-a depois para que a ação continue no terreiro (a queima de velas, de modo especial). Quando esse tempo termina (a gira, por exemplo) e as velas já queimaram, tudo pode ser recolhido e despachado. Quando não se trata de uma gira ou outra atividade de maior duração, os médiuns podem aguardar entre quinze minutos e meia hora (ou outro período, conforme orientação específica) e recolher tudo de modo a ação terminar no próprio terreiro (congá, tronqueira etc.).

2. Quando possível, deixa-se a oferenda curiando[14] em segurança (em especial no que tange à forma de se firmar as velas), recolhendo-se tudo no dia seguinte. Tal procedimento costuma ocorrer quando os pontos de força são isolados, estão realmente seguros (repito: especialmente em relação a velas e à ação do vento, de animais etc.) e podem ser acessados pelos médiuns em ambas as ocasiões (no dia do recolhimento das oferendas, nem todos precisam estar presentes, segundo orientações específicas).

---

14 - "Curiar", neste caso, significa ser trabalhado (a) e/ou manipulado (a) pela Espiritualidade, que se vale da contrapartida etérica dos elementos para promover o (re)equilíbrio energético de pessoas, situações e ambientes.

Quanto ao descarte de elementos, muitos terreiros já se valem da compostagem orgânica e de outros recursos ecológicos. Alguns deles, evidentemente, podem ser reutilizados, como copos, alguidares etc. Aliás, tais elementos, abandonados na natureza, agridem-na, por isso, a título de exemplo, alguidares e louças costumam ser substituídos por folhas de bananeira para a entregas de frutas, dentre outros itens, cujo destino físico é literalmente natural. Para se compreender a ação deletéria de elementos abandonados na natureza, veja-se a tabela abaixo[15]:

Elementos	Tempo de decomposição na natureza
Frutas e cascas de frutas	1 a 3 meses
Alumínio	500 anos
Sacolas plásticas	450 anos
Garrafas de vidro	100.000 anos
Utensílios de plástico/ descartáveis	450 anos
Taças e copos de vidro	100.000 anos
Papel, papelão e jornal	3 a 6 meses
Utensílios de barro (alguidares, quartinhas etc.)	Tempo indeterminado

15 - Tabela elaborada pelo Professor Gustavo Aparecido dos Santos (Mogi das Cruzes - SP), divulgada por Pai Miguel Calente (Guarulhos - SP). Note-se que mesmo a decomposição de frutas e flores (elementos naturais) não é de todo imediata.

Filtro de cigarros e charutos	5 anos
Flores	1 a 3 meses
Velas	400 anos
Palitos de fósforos	1 a 3 meses
Carcaça de animais	1 a 5 anos
Garrafas PET	Mais de 100 anos
Cerâmica (pratos, quartinhas etc.)	Tempo indeterminado
Metais	450 anos
Louças (pratos, quartinhas etc.)	Tempo indeterminado
Isopor	Tempo indeterminado

Quando faço uma oferenda no terreiro, fora de dia de gira e, portanto, de compartilhamento e comunhão, costumo colocar um pratinho e um copinho à parte, com o mesmo conteúdo. Arriada a oferenda, depois de algum tempo (de quinze minutos a meia hora, normalmente), peço licença e comungo. Isso também pode ser feito com outras pessoas que participem do processo. Concluída a oferenda, o tempo de curiar, geralmente a duração de uma vela palito[16], as frutas são recolhidas, consumidas e distribuídas. Por outro lado, quando se trata de gira, a oferenda deve ser feita antes do compartilhamento. No caso de um peixe inteiro para Oxóssi e Caboclos(as), por exemplo, além da oferenda feita, anteriormente, como preceito, a primeira porção também é retirada e oferecida.

Embora haja uma diversidade muito grande quanto ao uso de elementos (copos, coités, alguidares, gamelas, pratos de louça, tipos de fumos[17] e bebidas, flores etc.), também há elementos comuns, como o fato de se bater paô ao se arriar uma oferenda (embora a maneira de se fazer isso possa igualmente variar). O som das palmas é ativação energética, reconhecimento respeitoso, pedido de licença.

---

16 - Quando se trata de vela de sete dias, costumo deixar a parte perecível (alimentos e bebidas) disposta durante 24h, depois a recolho, dou os devidos fins (despacho ou distribuição, por exemplo) e rearranjo os demais elementos (toalhas, fitas, moedas, búzios etc.) com a vela para, após o prazo de sete dias (mesmo que a vela apague antes), encaminhar esses elementos de acordo com a orientação da Espiritualidade.

17 - Conforme abordamos em outros trabalhos, o fato de não se oferecer fumo às Iabás demonstra mais do que desconhecimento da função defumadora desses materiais, revela machismo e patriarcalismo históricos, que dividem situações que "ficam bem" para o masculino e "ficam mal" para o feminino. As Guias, tanto de Direita quanto de Esquerda, sofrem menos essa discriminação do que as Iabás.

Lembre-se: estamos falando de uma religião sensual (uso dos sentidos). Outra questão também consensual é esperar esfriar os pratos (no alguidar, na gamela etc.), ao menos uma parcela de tempo, para somente então serem oferendados. As receitas apresentadas, ainda que relativamente simples, passam pelo fogo[18]. Cozinhar é um passo importante para a sobrevivência e o desenvolvimento da humanidade, haja vista o estudo feito pelo antropólogo francês Claude Lévi-Strauss (1908-2009) reunido no livro *O cru e o cozido* (1964). Kaô Cabecile!

A título de curiosidade, a diversidade na cozinha ritualística umbandista também se apresenta em pratos mais complexos como a feijoada, por exemplo. Há quem faça a feijoada para Ogum com feijão branco, deixando o preto para a dos(as) Pretos(as)-Velhos(as). Além disso, enquanto há quem prepare a feijoada dessas amadas Entidades com todo tipo de carne, outros preferem apenas as chamadas carnes nobres em respeito ao sofrimento que tiveram como escravizados(as), quando eram alimentados(as) com restos de comida, situação da qual se origina a feijoada, hoje servida em restaurantes como prato internacional, até mesmo gourmetizado e caro. Tais receitas são releituras fundamentadas na história, na tradição e na ressignificação holística[19].

---

18 - Vide nota 2.

19 - *Vovó não quer casca de coco no terreiro/Pra não lembrar do tempo do cativeiro*. Esse ponto cantado tem um significado profundo tal qual o entendemos. Contudo, uma Preta-Velha, certa feita, me disse que ela (palavras minhas) acha importante as cascas de coco no terreiro para que se lembre do cativeiro, para que ele não seja esquecido.

Muitos terreiros de Umbanda, à semelhança das casas de Culto de Nação, têm uma Iabassê[20], a cozinheira oficial, que organiza as atividades e conta com o apoio de todos(as). Como em muitas situações, a apresentação da Iabassê causa ciúmes, fofocas e outros sentimentos, tudo ligado ao humano, não à orientação espiritual, e que precisam ser administrados e transcendidos com sabedoria, paciência e muito diálogo. O apontamento da Iabassê suscita observações referentes a todas as outras funções de um terreiro, pois quando o médium se fixa no topo do iceberg, perde a imensidão deste e do oceano. Ao questionar informações e decisões num terreiro sério, até ontem por ele considerado seu porto seguro, depõe contra si mesmo, trabalha contra seu desenvolvimento. Ao considerar capricho o que o Pai ou a Mãe apresentam como orientações da Espiritualidade, demonstra falta de confiança, que só tende a crescer. Bastaria ouvir a Espiritualidade em terra para ela confirmar se o Pai ou a Mãe cumprem ou não o que foi por ela determinado. No entanto, o médium prefere maquinar situações em sua mente, que o esgotam, e por vezes ferir ou agredir Pai, Mãe, irmãos e irmãs. Um dos exemplos mais sérios de trabalho contra si mesmo é quando o médium desconsidera as orientações transmitidas pelo Pai ou pela Mãe, as quais, às vezes, não são nem de quem dirige a casa, mas da própria coroa mediúnica do médium, adaptadas à realidade daquele terreiro. Ou seja, o médium se recusa a ouvir os próprios Orixás que o assistem! Estes estão de braços abertos, mas ele vai se afastando pouco a pouco, inflado pelo ego.

---

20 - *Iabassê* é a cozinheira sagrada. Nos Cultos de Nação, comumente a Iabassê é filha de Oxum ou de outras Iabás "de frente", "de cabeça" ou Eledá. Entretanto como em outras questões, não se trata de regra geral.

O médium não compreende que, no Astral, no sistema 7G, como digo brincando, seu Orixá de cabeça se comunica com o Orixá de cabeça do Pai ou da Mãe, que transmite as informações ou as repassa para um Caboclo ou Exu, por exemplo. Isso vale no cotidiano, na organização de obrigações e funções, no seguimento da missão espiritual daquele médium, o qual, muitas vezes, não tem dimensão a médio e longo prazos dela. Todos esses comentários não excluem terreiros que mistificam, Pais e Mães que manipulam etc. Mas busquei tratar de uma triste realidade que, por vezes, vemos em nossos(as) filhos(as) e que muito nos entristece. Conforme o célebre provérbio do Povo de Axé, não adianta ebó (firmeza, oferenda etc.) se o Orí (Anjo de Guarda, Divindade Interior) da pessoa se fecha. Seu Zé Marinho, marinheiro que tem a humildade de trabalhar com este médium, diz mais ou menos (cito como consigo lembrar) que é feita uma limpeza, tudo é levado para o fundo do oceano, guardado numa arca, fechada e segura, e as pessoas mergulham, vão até o fundo e trazem tudo de volta. A Espiritualidade não se afasta, mas nós sim, por vibrações incompatíveis que se manifestam de inúmeras maneiras.

Enquanto alguns terreiros possuem duas cozinhas, uma para o uso comum e outra para as comidas sagradas, há outros que não têm nenhuma e os pratos precisam ser preparados nas casas dos(as) dirigentes ou de médiuns. Ora, toda comida preparada com amor é sagrada, portanto toda cozinha também o é, em primeira e última instância. Contudo, é possível também sacralizar o ambiente, isto é, prepará-lo para algo sagrado, como fazem as pessoas consigo mesmas (banhos e outros). Como então proceder para preparar oferendas e/ou comidas que serão oferecidas em giras e outros momentos? Quem cozinhar (Iabassê ou não), bem como os(as) ajudantes, poderá tomar um banho de ervas antes, cobrir a cabeça e firmar uma vela com um copo d'água. A cozinha deve estar limpa e também pode ser defumada com antecedência e/ou ter o chão limpo com um pano molhado com água e alfazema. É preciso que haja, então, um clima festivo, de alegria, mas também de concentração, objetividade, afinal se trata de circulação de Axé, cura, energização.

Ao compartilhar alimentos[21], podem ser utilizados complementos como o arroz. E também, como no caso de peixes assados, por exemplo, batatas e mandioca. Como nem todos(as) comem rabada, numa homenagem a Xangô, enquanto a carne é oferecida ao Orixá, ela pode ser substituída por outra na refeição comum. Os exemplos evocados, de receitas simples (deste livro) ou mais complexas, reforçam hábitos locais e o bom senso (não adianta cozinhar se "ninguém" vai comer). Complementos e outros devem ser acordados com a Espiritualidade e os dirigentes espirituais de cada comunidade.

Não importa a quantidade do alimento, mas o Axé. Às vezes uma comunidade não consegue se organizar para grandes quantidades, mas o que arrecada e prepara é distribuído para todos(as) sem distinção. As comidas geralmente costumam sobrar e ser encaminhadas para quem deseja ou mais necessita. Sempre se dá um jeito para que o alimento chegue a todos(as). Constantemente digo, brincando, a

---

21 - O chamado *ajeum* em terreiros de Candomblé e em algumas Umbandas reforça o sentido de comunidade, solidariedade e união com Orixás, Guias e Guardiões. Brincadeira corrente nos terreiros é quando alguém vai repetir o prato dizer que se trata de "ajedois" e assim sucessivamente.

filhos(as) e amigos que o que importa é a fé, mas, como minha fé é muito grande, sempre que se pode e posso, repito o prato.

Uma sugestão prática para calcular quantidades é lembrar que, muitas vezes, a Espiritualidade em terra também come e o médium também tem vontade, durante a gira/outra liturgia, ou mesmo depois, no dia seguinte (levar para casa). Então, para a corrente mediúnica, é interessante calcular ao menos (pois há quem coma mais de uma vez) duas porções por médium (de incorporação ou não, para teoricamente ter um pouco a mais), uma para "quem está em terra", outra para o(a) médium. Quanto à assistência ou encaminhamento a instituições, famílias etc., há que calcular, fazer a média, sempre que possível, para ter um pouco a mais. Dentro das possibilidades, vale o dito popular: "Antes sobrar que faltar...". Faltar, não falta, pois o que houver será distribuído para todos(as), ainda que em uma quantidade menor.

Sobre quizilas e preceitos, tema que abordei em profundidade em outros trabalhos, reforço a importância de se manter diálogo franco e aberto com a Espiritualidade e os dirigentes da casa. Orixá não é criança birrenta, manhosa, cheia de manias e mimos, e os elementos utilizados ou não se constituem em ingredientes de verdadeiros remédios holísticos, portanto não são aleatórios, têm fundamentos, por vezes podem ser substituídos por outros, mas não desconsiderados. Há, também, que se respeitar a diversidade de fundamentos e raízes, como o fato de alguns terreiros de Umbanda não trabalharem qualidades de Orixás, enquanto outros entendem que amalá ou acarajé com ou sem azeite de dendê pertencem a esta ou aquela qualidade de Xangô ou Iansã. O mesmo vale para alimentos não consumidos por toda a comunidade fora do terreiro ou do roncó[22], ou ainda em período que antecede determinada festa ou liturgia. Assim como o Orixá não precisa de velas, pois já é iluminadíssimo, e quem precisa somos nós, tais (re)organizações alimentares servem para (re)equilibrar tanto indivíduos quanto a própria comunidade-terreiro, em comunhão com a sabedoria ancestral e com as irradiações da Espiritualidade. Se forem apenas protocolos, ou pior, formas de intimidação, perdem a razão de ser.

De qualquer forma, quizilas, euós ou contra-axé são energias que destoam das energias dos Orixás (cores, hábitos, alimentação etc.). Em virtude da diversidade do culto aos Orixás, tanto na Umbanda quanto nas demais religiões tradicionais de terreiro, essas quizilas variam. No caso específico da Umbanda, as restrições alimentares, de cores e bebidas, por exemplo, costumam ocorrer em dias de gira ou períodos e situações específicos. De modo geral, fora dessas ocasiões, tudo pode ser consumido, com equilíbrio. Entretanto, há elementos incompatíveis em fundamentos, banhos e outros, à semelhança das demais religiões tradicionais de terreiro.

A diversidade, repetimos, é muito grande. Há casas que não servem goiabas para Oxóssi, apenas para Exu, por exemplo. Muitos terreiros solicitam que os médiuns não se utilizem de cores escuras após determinadas obrigações ou lavagens. A maioria das casas não serve azeite de dendê para Xangô Airá.

---

22 - "Quarto de recolhimento para iniciação e outros rituais. O termo resulta do aportuguesamento do vocábulo 'hounko', que entre os Fons do antigo Daomé significa 'quarto de reclusão'." (BARBOSA JÚNIOR, Ademir. *Dicionário de Umbanda*. São Paulo: Anúbis, 2015, p. 194).

As quizilas antes se referem aos filhos do que aos Orixás. O Orixá não terá enjoo ou queda de pressão se lhe for servido determinado elemento incompatível. O(a) filho(a), talvez. As interdições reforçam a individualidade do Orixá e de sua qualidade, além de evidenciar a sacralização dos elementos. A questão é muito mais complexa, inclusive em virtude da diversidade, por isso os exemplos auxiliam na compreensão. Antes da festa de um Orixá, pode-se não comer sua comida, deixando-a para o momento sagrado da comunhão. Ou então, não se come algo no cotidiano por ser quizila do Orixá, mas apenas num recolhimento religioso, aos seus pés. Nesses casos, não se trata propriamente de elementos incompatíveis, mas sim, de elementos afins, consumidos por meio da sacralização.

Sem a intenção de esgotar o tema, eis uma síntese:

1. Abster-se em condições diversas de determinados elementos ditos incompatíveis visa antes ao (re) equilíbrio do(a) filho(a).

2. A diversidade (e não apenas na Umbanda) é muito grande e se expressa por meio de diversos fatores e modos. Nesse contexto, algumas casas de Cultos de Nação, por exemplo, servem azeite de dendê para Xangô Airá sob a alegação de que o azeite doce pertencia aos antigos proprietários de escravizados, não era comum na África nem nas senzalas onde prenderam nossos ancestrais em solo brasileiro. Valem-se dessa prática a despeito da mitologia, da tradição, dos usos e

da facilidade em se encontrar o azeite doce nos mercados contemporâneos.

3. Um elemento incompatível não se define pela mitologia dos Orixás. Antes, a mitologia explica, de maneira analógica, simbólica, o porquê de determinado da incompatibilidade. Em outras palavras, algo não deixa de ser feito ou consumido em virtude da mitologia, mas sim, a mitologia explicar o motivo de não fazê-lo ou consumi-lo.

4. Não se deve confundir quizila com superstição ou obscurantismo, ou ainda dela se valer como forma de poder ou dominação.

5. Respeite a Umbanda que seu irmão cultua e, portanto, as maneiras como vivencia ou não as quizilas.

A respeito de flores, embora seja comum, por exemplo, oferecerem-se cravos e rosas vermelhos em encruzilhadas, giras, ou rosas amarelas em cachoeiras, dê preferência a vasos com flores para depois replantar, distribuir mudas etc.

Vale dizer que este livro também apresenta uma farta bibliografia de saberes e sabores sobre Espiritualidade, Religião e Espiritualidade, e Religiosidade dos Terreiros, com vistas a pesquisas sobre comensalidade, sacralidade, hábitos alimentares, dentre outros temas.

Por fim (e não menos importante), cada uma das receitas aqui apresentadas pode ser preparada para o consumo doméstico, como alimento cotidiano, afinal a vida e os sabores pulsam a todo instante, unindo-nos em torno da mesa, com alegria, prosperidade e satisfação. Que possamos sempre compartilhar o alimento do corpo e do espírito, se possível no mesmo alguidar, na mesma louça, na mesma folha de bananeira ou gamela!

Abraço, gratidão e Axé!
O Autor

P. S.: A propósito das brincadeiras que ultrapassam os muros dos terreiros de que os filhos de Xangô são glutões, cabe um sábio ensinamento: "Com a mesma energia que você gasta dizendo que um(a) filho(a) de Xangô é guloso(a), você poderia fazer um almoço e convidá-lo(a) para sua casa." Recado dado, com amor, gratidão e Axé!

1
EXU

- ❧ Farinha de mandioca (branca);
- ❧ Dendê;
- ❧ Cebola;
- ❧ 7 pimentas vermelhas dedo-de-moça;
- ❧ Marafo;
- ❧ Fumo;
- ❧ Velas.

Num alguidar, misture a farinha e o dendê. Arrume as sete pimentas (costumo colocar as pontas para fora) e, no centro, ponha um pedaço da cebola cortada, uma grande rodela, como uma flor. Firme o marafo e o fumo, conforme indicações específicas e/ou o costume. Podem, ainda, ser acrescentados sete moedas e/ou sete búzios.

Nas firmezas diárias ou semanais, por exemplo, faz-se o padê simples, com farinha e dendê. Quanto às bebidas, podem ser servidas duas, uma para os masculinos e outra para os femininos, a mesma ou diferentes, como aguardente para um e vinho tinto para outro. Às vezes, também há combinações de bebidas num mesmo copo ou bebidas deitadas no padê.

Para Pombagiras, há outros tantos elementos, em especial o uso de chocolates e cigarros especiais. Além de arranjos específicos, costumo colocar um bombom sobre a "flor" de cebola. Também podem ser acrescidos elementos específicos para os Exus, assim como para Exus Mirins e Pombagiras Mirins.

Quanto às flores, no geral, para Exus costuma-se usar cravos vermelhos e para as Pombagiras rosas vermelhas.

As velas (geralmente três) podem ser bicolores (preta e vermelha) ou uma preta e duas vermelhas para Pombagira e uma vermelha e duas pretas para Exu[23].

Tanto o Orixá Exu quanto a chamada Esquerda, em geral, cuidam da comunicação, da abertura de caminhos, bem como da defesa e da proteção. Reconhecer a potência dessa energia e dessas Entidades, infelizmente tão descaracterizadas e difamadas, é compreender que a vida plena não é privilégio de nenhum indivíduo e grupo, mas um dom e uma possibilidade para todos. O conceito de prosperidade para os Povos de Terreiro abarca o aspecto material, mas o transcende, é holístico e, portanto, também compreende a mente e o espírito. Além disso, é coletivo: não se pode creditar a Exu o fato de alguém ter duzentos pares de calçados enquanto ao lado seu irmão caminha descalço sobre pedras e brasas.

Além do padê, há outras opções para Exu e a Esquerda, sobretudo quando estão em terra, embora outras possam ser igualmente oferendadas. Uma delas é igualmente conhecida como bolinho de Exu. Tempera-se a carne moída crua com bastante limão e um pouco de sal. Pode-se, também, acrescentar cebola picadinha. Confeccionam-se bolinhos redondos, que devem descansar de quarenta minutos a três horas, conforme a possibilidade, antes de serem servidos. O limão se encarrega de "cozer" a carne crua.

---

23 - A vela branca é universal. Em outras oferendas, não tratarei de cores de velas, fitas, tecidos etc.

2
OGUM

- ᦰ 1 cará;
- ᦰ 7 palitos de churrasco ou de dente;
- ᦰ 7 moedas (de preferência de R$ 1,00);
- ᦰ Dendê;
- ᦰ Fumo;
- ᦰ Cerveja ou vinho tinto.

Parta o cará em duas partes, na vertical, de preferência sem separá-las. Coloque-o no forno por cerca de cinco minutos para amolecer um pouquinho o centro. Deixe-o de cinco a dez minutos (ou sete), desde que não amoleça demais.

Coloque o cará em um prato branco. Do lado direito dele, quatro moedas e quatro palitos fincados. Do lado esquerdo, três moedas e três palitos fincados. Jogue bastante dendê por cima de tudo. Sirva a bebida (copo, coité etc.), firme a vela e o charuto.

O número sete, comum em diversas tradições filosóficas, espiritualistas e religiosas, é bastante presente na Umbanda, onde, dentre outros elementos, é geralmente associado ao Orixá Ogum. Os palitos evocam as lanças do Orixá guerreiro, assim como o dendê, o sangue, elemento vital e pleno de Axé, que circula em nossas veias e em tudo o que vibra e pulsa, ainda que nem sempre vermelho.

3
OXÓSSI

- Canjica amarela;
- Lascas de coco;
- Açúcar;
- Charuto;
- Vinho tinto ou suco de frutas;
- Vela.

Para facilitar o cozimento, deixe a canjica de molho de um dia para o outro. Depois de cozida, coloque a canjica num prato branco e a enfeite com lascas de coco. Jogue açúcar por cima.

O açúcar pode ser substituído pelo melaço.

A canjica amarela, por milho cozido.

4
XANGÔ

- Quiabos;
- Óleo, azeite de oliva ou dendê;
- Cebola;
- Sal;
- Cerveja preta;
- Charuto;
- Vela (marrom, branca ou vermelha).

Corte doze quiabos em pedaços pequenos, separando as pontas (que podem ser servidas a animaizinhos ou usadas como adubo), e frite-os no óleo, no azeite ou no dendê. Coloque o amalá num prato branco, o qual pode, ainda, ser enfeitado com doze ou seis quiabos, além de seis moedas e/ou búzios, por exemplo. Sirva a cerveja preta, firme a vela e o charuto.

Costumo usar cebola bem picadinha e um pouco de sal apenas quando o amalá é também servido às pessoas.

O óleo ou azeite de oliva (azeite doce) são para as qualidades de Xangô que não trabalham com dendê, como Airá. O prato branco é de uso universal, bem como o alguidar, mas Xangô Airá, por exemplo, também pode ser servido na gamela (madeira).

Em consonância com a cor/vibração vermelha, alguns servem vinho tinto, e não cerveja preta.

5
OXUM

- ❧ 5 ovos cozidos;
- ❧ 3 laranjas;
- ❧ Mel;
- ❧ Água ou champanhe;
- ❧ Vela;
- ❧ Fumo.

Cozinhe cinco ovos e descasque-os. As três laranjas (doces) devem ser partidas ao meio. Num alguidar, arrume as seis metades e os cinco ovos (inteiros). Regue tudo com mel. Sirva a bebida e firme a vela e o fumo.

A doçura de Oxum é representada tanto pela laranja quanto pelo mel. A laranja, ainda, evoca a cor do ouro.

O ovo é símbolo da vida, semente, início-fim-recomeço (circularidade/esfericidade também presente na laranja).

A água doce, elemento universal, é também característica de Mamãe Oxum. Nesta oferenda, portanto, é muito bem-vinda. A champanhe (geralmente sidra), além de ter o teor alcoólico manipulado pela Espiritualidade, é doce.

Caso queira e caiba no alguidar ou no prato branco, por exemplo, é possível utilizar cinco laranjas no lugar de três. Quanto a búzios e/ou moedas, podem ser cinco de cada.

6
IANSÃ

- Inhame;
- Cebola ralada;
- Gengibre;
- Sal;
- Azeite de oliva/óleo ou dendê (conforme orientação da casa ou qualidade de Iansã);
- Fumo;
- Vela;
- Vinho tinto.

Cozinhe o inhame sem cascas e sem sal. Frite rodelas dele no dendê e, depois, no mesmo azeite, frite os demais elementos. Sirva o inhame coberto por esse molho.

Alguns preparam para Iansã um amalá[24] como o de Xangô. Nesse caso, bem como na receita acima, verifique se será usado azeite de dendê ou de oliva (qualidade do Orixá e outros). A numerologia de Iansã varia, mas predomina o número nove.

No caso de Iansã, para servir a bebida, algumas pessoas retiram o miolo da maçã e a utilizam como pequena taça. Firme a vela e o fumo.

---

24 - *"Um je ila ko si ekan"* ("Quem come quiabo não pega feitiço"), referência aos(às) filhos(as) tanto de Xangô quanto de Iansã.

7
OBÁ

- ❧ Vinho tinto ou champanhe;
- ❧ Vela;
- ❧ Fumo;
- ❧ Quiabos;
- ❧ Azeite de dendê.

Corte o quiabo em pedacinhos, deixando de lado as pontas. Refogue-os no azeite de dendê. Alguns acrescentam sal, cebolas picadas ou em rodelas, até mesmo camarão.

Sirva a bebida, firme a vela e o fumo.

8
OBALUAÊ

- ✤ Milho de pipoca;
- ✤ Água;
- ✤ Fumo;
- ✤ Vela.

Estoure a pipoca com pouquíssimo óleo ou com areia (nesse caso, é preciso experiência e destreza). Coloque a pipoca no alguidar. Não use sal. Casas e segmentos por vezes jogam dendê por cima. Firme a vela e coloque um copo d'água, além do fumo.

A vela pode ser amarela, branca ou branca e preta (bicolor).

A pipoca estourada também é conhecida como flor de Obaluaê e lembra que toda cura ocorre de dentro para fora. Cura, aliás, é transformação, passagem, e não à toa Obaluaê é o senhor da calunga pequena (cemitério). A cura pode ser o restabelecimento da saúde, mas também o desencarne tranquilo. Pode-se focar em algum aspecto da cura (o físico, por exemplo), mas é sempre bom entendê-la sob o ponto de vista da totalidade do holismo: físico, emocional, espiritual, material, sexual, financeiro etc.

O banho de pipoca é uma prática que deve ser feita sob orientações e condições seguras, no terreiro ou em local determinado pela Espiritualidade e por dirigentes espirituais. Como todo tratamento, se por um lado existe a simplicidade do material (pipocas), por outro existe a complexidade da atuação da Espiritualidade na limpeza de encarnados, mas também no encaminhamento e acolhimento de desencarnados.

9
NANÃ

- Batata-doce;
- Água ou champanhe roxa (vermelha);
- Fumo;
- Vela.

Descasque a batata-doce com faca de madeira ou coloque-a para cozinhar com casca e tudo. Para amassar, use colher de pau. Alguns acrescentam um pouquinho de açúcar ou mel. Arrume o prato, que pode também ser enfeitado com rodelas de cebolas roxas ou uvas da mesma cor.

Há quem prefira preparar purê de berinjela e enfeitá-lo com camarão, cebola (de preferência, roxa), azeite doce e um fio de azeite de dendê.

Algumas pessoas ainda servem farofa de pipoca ou acompanham os pratos acima com um pouco de pipoca feita "à moda de Obaluaê" (um fiozinho de óleo ou azeite de oliva e sem sal), pelo fundamento e enredo que Nanã tem com aquele Orixá.

10
OXUMARÊ

- Vela;
- Fumo;
- Água mineral;
- Batata-doce;
- Ovos cozidos.

Cozinhe a batata-doce e, após amassá-la, faça o formato de uma cobra (você pode até mesmo fazer os olhinhos, as listras etc.). Quem preferir, pode dispor ovos cozidos inteiros (ver a quantidade com a Espiritualidade e/ou os dirigentes da casa). Sirva a bebida. Firme a vela e o fumo.

11
IEMANJÁ

- Vela;
- Fumo;
- Champanhe (de preferência, clara);
- Camarão;
- Óleo ou azeite doce.

Frite as unidades de camarão com apenas um pouquinho de óleo.

Sirva a bebida e firme a vela e o fumo.

Receitas mais rebuscadas vão de peixe de água salgada a moquecas específicas, o que não é matéria deste livro. Vale lembrar que nem todos os elementos das oferendas ou do *ajeum* são os mesmos de restaurantes.

12
LOGUN-EDÉ

❧ Vela;

❧ Fumo;

❧ Água de coco, aluá[25], vinho tinto, champanhe.

ATENÇÃO: para Logun-edé, sirva as mesmas comidas de Oxum e Oxóssi. Para ressaltar seu aspecto *metá-metá*[26], prepare e arrie ambos os pratos.

Sirva a bebida. Firme a vela e o fumo.

---

25 - Tipo de bebida fermentada.

26 - "São assim denominados os Orixás de natureza dupla, que carregam a energia masculina e feminina, certamente também pela semelhança com o vocábulo português 'metade'. Contudo, em iorubá, *'méta-méta'* significa 'três ao mesmo tempo'. No caso, Logun-Edé, por exemplo, seria metá-metá porque traz em si a sua natureza, a do pai (Oxóssi) e a da mãe (Oxum)". BARBOSA JÚNIOR, Ademir. *Dicionário de Umbanda*. São Paulo: Anúbis, 2015, p. 146.

13
OXALÁ

- Canjica branca;
- Açúcar;
- Leite ou leite de coco;
- Água ou vinho branco;
- Fumo;
- Vela.

Deixe a canjica de molho de um dia para o outro. Cozinhe a canjica e, após escorrer a água, acrescente leite e açúcar, ou mesmo leite de coco. Eu costumo fazer, no dia a dia, somente a canjica.

Coloque o preparado numa louça branca e sirva com água ou, conforme algumas tradições, vinho branco. Alguns acrescentam cachos de uvas brancas, até mesmo bolinhas de algodão na canjica ou na oferenda montada.

Firme a vela e o fumo.

De modo geral, a Umbanda cultua Oxalá, sincretizado com o Mestre Jesus, mas sem focar nas qualidades jovem (Oxaguiã) e velho (Oxalufã). Por outro lado, casas e segmentos se valem de Oxalufã para evocar a paz, a tranquilidade, a serenidade, a cobertura espiritual, com seu alá branco, e a sabedoria, enquanto Oxaguiã, fortalece nas lutas cotidianas (espada), no engenho e no encaminhamento de soluções (uso do pilão para trabalhar o inhame).

Ainda sobre o sincretismo, casas e segmentos associam Oxalufã à imagem de Deus-Pai, conforme a tradição judaico-cristã dominante, e Oxaguiã a Jesus.

14
OSSAIM

- Vela;
- Fumo;
- Suco de frutas;
- Inhame;
- Milho;
- Amendoim;
- Azeite de sal;
- Sal.

Cozinhe o inhame sem cascas e o amasse. Ao servir, coloque um fio de azeite de oliva e sal.

Outra opção é milho cozido e amendoim torrado. O milho pode ser em espigas ou em grãos, como no caso de Oxóssi. Com os grãos é possível, ainda, fazer uma canjiquinha (terceira opção).

As oferendas de Ossaim podem ser servidas sobre folhas de fumo nos recipientes. Destaco essa composição em virtude de sua maestria sobre as ervas, folhas etc.

Sirva a bebida e firme a vela e o ponto.

15
EUÁ

- Vela;
- Fumo;
- Champanhe;
- Dendê;
- Farinha;
- Banana-da-terra.

Passe tiras de banana-da-terra na farinha e frite no dendê. Sirva a bebida. Firme a vela e o fumo.

Pode servir, com esse prato, a mesma comida de Oxumarê.

Na ausência de banana-da-terra, use outra recomendada pela Espiritualidade e/ou pelos dirigentes espirituais.

16
CABOCLOS

- Peixe de rio assado;
- Batatas ou mandiocas assadas;
- Vinho tinto, cerveja, caldo de cana, sucos de frutas;
- Vela;
- Fumo.

À semelhança das oferendas a Oxóssi, asse o peixe de rio. As batatas cortadas e os pedaços de mandioca podem ser assados juntos, tudo bem temperado. Você pode, também, acrescentar cebolas, em especial quando o prato for compartilhado. Nas oferendas, sirva a bebida, firme a vela e o fumo.

Também à semelhança de Oxóssi, ofereça frutas diversas.

17
BOIADEIROS

- Linguiça, pedaços de carne em cubos, sardinha ou peixe de água doce;
- Cebola;
- Café, vinho, cerveja, aguardente ou outra bebida;
- Vela;
- Fumo;
- Bolos ou outras iguarias servidas aos Pretos-Velhos.

Linguiça, carne, sardinha ou outro peixe devem ser servidos fritos, com cebola. Eventualmente usa-se bacon.

Bolos e as demais iguarias, embora às vezes servidos isoladamente, quase sempre são complementos às comidas salgadas.

Há quem sirva charque, carne de sol, feijão gordo, comidas com farinha, pirão, tutu de feijão, virado e outros, mas são receitas mais rebuscadas, que fogem ao propósito deste livro.

18
BAIANOS

- Batida de coco, cerveja, água de coco ou outra bebida;
- Dendê;
- Farinha (branca ou outra);
- Linguiça ou linguicinha;
- Bacon;
- Ovos cozidos;
- Azeitona;
- Cebola picada;
- Pimenta dedo-de-moça.

Esta é a farofa do Seu Severino, para Baianos(as) e Cangaceiros(as), os quais trabalham na mesma Linha e gira em nossa casa. Podem-se acrescentar outros elementos, como pedacinhos de frango (ou mesmo desfiado), servidos com pururucas, pedaços de coco etc. Mas esta é a receita básica.

Frite no dendê os elementos devidamente picados. Ao final, acrescente farinha e mexa bem. Firme a vela, o fumo e a bebida.

Tive a alegria de servir essa farofa numa gira em Portugal. Foi apreciada com parcimônia, pois entenderam que forcei a mão no piripiri (pimenta).

19
MALANDROS

- Vinho tinto e/ou bebidas diversas;
- Fumo;
- Petiscos frios ou quentes (geralmente fritos);
- Ovos de codorna.

Há quem também sirva sardinhas ou outros peixes fritos.

Em especial quando os(as) Malandros(as) vêm na Linha da Esquerda, pode-se servir os bolinhos de Exu.

20
PRETOS-VELHOS

- Bolo (milho, mandioca etc.);
- Curau e outros doces como pé-de-moleque, paçoca etc.;
- Milho cozido;
- Canjica;
- Café (adoçado ou não) ou vinho tinto, ou outra bebida indicada;
- Vela;
- Fumo;
- Fumo de corda.

As opções "simples" são muitas e evocam a cultura rural, embora haja quem também sirva sardinhas fritas.

Sirva a bebida, firme o fumo e a vela.

O fumo de corda não precisa ser aceso. É um elemento complementar colocado na oferenda, com outros como o rosário, as cruzes de madeira, as figas etc.

21
IBEJADA

- Quiabo;
- Camarão;
- Sal;
- Cebola;
- Óleo, azeite doce ou dendê;
- Refrigerante ou suco;
- Vela.

Além dos doces, bolos etc., muita gente serve caruru "simples", tanto para o Orixá Ibeji quanto para a Linha da Ibejada.

Pique o quiabo em rodelinhas e o refogue com cebola picada no óleo, azeite doce (oliva) ou no dendê, acrescentando camarão frito. Servido o prato, firme a vela e a bebida.

Também para o caruru "simples", ao ser compartilhado, alguns segmentos e algumas casas se valem do fundamento e da tradição de primeiro servir sete crianças, que devem comer com as mãos.

No cotidiano, é comum servir à Ibejada o primeiro pedaço de um bolo (aniversário, confraternização etc.), sozinho ou acompanhado de refrigerante ou uma firmeza de vela, por exemplo, em altar doméstico, no congá do terreiro, num cantinho do quintal (canteiro ou não). A associação dessa Linha com os doces é muito grande.

22
MARINHEIROS

- Rum, aguardente, vinho tinto ou outra bebida;
- Sardinhas fritas e/ou camarões fritos, bem como empanados, assim como outros peixes marítimos;
- Rodelas de cebola e/ou postas de peixes marítimos marinados (opcional).

Não há impedimento para se servir peixe de água doce, embora o fundamento, a tradição, o uso e o costume sejam o de servir peixe marítimo. Isto depende da casa, do segmento e da orientação da Espiritualidade.

Vale lembrar que, além de Marinheiros(as), temos Jangadeiros(as), Pescadores(as), Piratas e outras Entidades afins que respondem nessa mesma Linha. Todas nos conduzem por águas diversas, salgadas ou doces, sob a irradiação dos Orixás, em especial de Mãe Iemanjá e das demais Iabás (energia feminina), mas sem excluir Aborôs (energia masculina). Seu campo de força são as águas e o entorno, com praias, restingas etc.

Marinheiro balança, mas não tomba. Seu jogo de corpo, aparentemente embriagado, é de equilíbrio (médium, ambiente, assistência).

23
CIGANOS/ORIENTE

ௐ Vinho tinto ou licores diversos, sucos etc.;

ௐ Fumo;

ௐ Vela;

ௐ Frutas desidratadas (cristalizadas ou não).

Para Ciganos(as), além dos elementos acima citados, há quem sirva frios (queijos, salames, azeitonas etc.).

Tudo pode ser enfeitado com tecidos de várias cores, moedas e outros elementos.

À Linha Cigana, de modo especial, associa-se a beleza, a alegria, a prosperidade, contudo isso não deve ser confundido com luxo, vaidade, ostentação, de modo a praticamente se extorquir uma comunidade para se organizar uma festa ou, ainda, haver batalhas entre médiuns para ver quem tem a roupa mais bonita ou luxuosa.

Mesmo quando Ciganos(as) vêm na Linha da Esquerda, não se costuma servir os bolinhos de Exu, mas nada impede que isso aconteça, conforme os fundamentos, usos e costumes de casas e segmentos.

Já para a Linha do Oriente, costumo oferecer, em especial, ao Doutor Satyananda (indiano):

- ❧ Arroz branco cozido sem sal e sem óleo;
- ❧ Cenoura;
- ❧ Açafrão;
- ❧ Vela;
- ❧ Vinho (de preferência, tinto).

Coloca-se o arroz e, sobre ele, rodelas finas de cenouras (cozidas ou cruas). Joga-se o açafrão por cima, o qual pode ser substituído por curry. Firmam-se fumo, vela e bebida.

Em determinadas casas e/ou alguns segmentos, a Linha do Oriente praticamente se confunde com a Linha Cigana. Em nossa casa, trabalhamos as duas independentemente, sendo que à do Oriente geralmente se associa a Linha de Cura, que comporta não apenas Médicos(as), mas também outras Entidades, bem como médiuns que, sem incorporar, dedicam-se a tarefas específicas sob orientação da Espiritualidade, como a aplicação de Reiki.

O AUTOR

Ademir Barbosa Júnior (Pai Dermes de Xangô) é dirigente da Tenda de Umbanda Caboclo Jiboia e Zé Pelintra das Almas (Piracicaba – SP), fundada em 23 de abril de 2015. É doutorando em Comunicação pela UNIP (Bolsa PROSUP/CAPES) e mestre em Literatura Brasileira pela USP, onde se graduou em Letras. Pós-graduado em Ciências da Religião pelo Instituto Prominas, é professor e terapeuta holístico. Já coordenou fóruns, eventos, festas públicas e outros, congregando Umbanda, Candomblé, Pastoral Afro (Igreja Católica), MPB, ioga, dança do ventre e outros segmentos. Dirigiu quatro curtas-metragens, um deles com a participação da cantora e deputada estadual Leci Brandão. Foi idealizador e presidente da Associação Brasileira de Escritores Afro-religiosos (Abeafro). Nasceu em Piracicaba, em São Paulo, no dia 2 de agosto de 1972. Recebeu o Troféu Abolição – Instituto Educacional Ginga (Câmara Municipal de Limeira, 27 de julho de 2012); o Diploma Cultura de Paz – Fundação Graça Muniz (Salvador, 7 de março de 2013); o Diploma Zumbi dos Palmares (Câmara Municipal de Campinas, 20 de novembro de 2014), o Troféu 1º Jovens do Axé (Câmara Municipal de São Paulo, 7 de outubro de 2015) e o título de Embaixador das Religiões de Matriz Africana no Estado de São Paulo (Terreiro da Vó Benedita – Campinas – SP, 19 de janeiro de 2018). Em 2014, presidiu o Fórum Internacional de Umbanda, em Leiria, Portugal. Em 2015, foi nomeado vice-presidente do

Fórum Catarinense de Umbanda e foi um dos palestrantes do 1º Simpósio On-line de Umbanda. No início de 2018, recebeu o título *Doutor Honoris Causa* pelo Movimento Cultural Negro Ginga – IEG, de Limeira – SP. Em 2019, recebeu novamente o título de *Doutor honoris Causa* em Literatura pela FEBACLA – RJ e foi eleito para a cadeira 62 da Academia Independente de Letras, da qual se tornou patrono (divisa "Axé"). Em Blumenau, Santa Catarina, por meio do gabinete do então vereador Jefferson Forest, Dermes encaminhou dois projetos de lei aprovados por unanimidade e dos quais se originaram as Leis nº 8285/16 (Dia Municipal da Umbanda) e 8374/17 (Dia Municipal de Oxum). Publicou dezenas de livros, notadamente sobre as religiões tradicionais de terreiro. É Ogã há mais de duas décadas, do Ile Iya Tundé (dijina: Tata Obasiré).

Instagram: @dermesautor e @tucjzpa